Otto Kerscher

Geschichten aus alten Land- und Bauernstuben

Otto Kerscher

Geschichten aus alten Land- und Bauernstuben

Verlag Attenkofer

Impressum

3. Auflage 2000
Fotos: Otto Kerscher
Satz und Druck: Verlag Attenkofer, 94315 Straubing
ISBN 3-931091-35-X

Inhaltsverzeichnis

Vorwort

Zeit gehört heute zu den größten Kostbarkeiten, die ein Mensch besitzen kann. Von Tag zu Tag werden unsere alten Leute weniger, die mit wenig Einkommen und schwerer Arbeit ein ruhiges, zufriedenes Leben führten. Zu diesem Volksleben gehörten gutes Brauchtum und Sitten, von Herzen kommende Lieder, unverfälschte Sprache und unsagbare Heimatliebe.

Durch das Halten an alter Überlieferung und durch eine enge Verbundenheit mit der Natur eigneten sich unsere Vorfahren auch eine hervorragende Erzählkunst an. Damit wuchsen die Kinder schon daheim in der Stube auf, später in der Schule mit natur- und heimatverbundenen Lehrern. An Sonn- und Feiertagen und besonders an den langen Winterabenden sind die Leute aus weiter Nachbarschaft in den Land- und Bauernstuben zusammengekommen, zur Sitzweil oder Hoagartn und vor allem zur sogenannten „Roggarais" (zum Spinnen von Flachs und Schafwolle). Nach einem freundlichen „Guten Abend" oder dem bayerischen „Grüß Gott" kam es als erstes zur Besprechung der täglichen Vorkommnisse. So ist es dann übergegangen ins Erzählen lustiger, ernster oder auch gruseliger Geschichten. Auch über viel Not und Entbehrung ist geredet worden. Daß dies auch kraftgebende Einflüsse und moralischen Wert abgab, wird heute bei dem übertriebenen Wohlstand von vielen nicht mehr verstanden.

Die jungen Leute nahmen einst diese Geschichten auf und erzählten sie der nächsten Generation weiter. Zu den wahren Geschichten gesellten sich die von einfallsreichen Bauernknechten, Waldarbeitern, Leichenbittern, Totengräbern und Handwerksburschen erfundene Geschichten, die meist von der großen Geisterwelt handelten. Geister spürte, sah und hörte man das ganze Jahr über, am meisten aber in den langen und finsteren Herbstnächten.

An Bächen und moorigen Stellen leuchteten unzählige Lichtlein. Sonderbare Lichtlein, die man für arme Seelen hielt, wanderten nachts bei den vielen Totenbrettergruppen. Seltsame Felsen sind zu Geistergesteinen geworden, und über den dunklen Wäldern flogen glühende Feuerschweife mit großer Geschwindigkeit durch die Lüfte. So manches „Nachtgejait" (Geisterwelt) brachte Nachtwandler ins kalte Schwitzen. Man hörte sogar Geister reden.

In Ställen und Wohnungen „ging es um". Mensch und Tier wurden von Druden gemartert, und in alten, morschen Holzhäusern hörte man den Totenwurm. Türen öffneten sich von selber und schlugen wieder zu, seltsame Stimmen verlangten nach Gebet. Man hielt diese gruseligen Stimmen für arme Seelen, die um Erlösung bitten.

Ich selber habe solche Geschichten und Heimgärten noch erleben dürfen, dort wo ich aufgewachsen bin, tief drin im Bayerischen Wald. Schon in mei-

ner frühen Jugendzeit spürte ich als großer Natur- und Heimatfreund, daß eine bestimmte Kultur zu Ende geht, und so fing ich recht bald an, aufzuschreiben, was ich erlauschen konnte. Ich machte mich auf den Weg zu steinalten, erfahrenen Leuten (Bauern, Häuslleuten, ausgedienten Dienstboten und Handwerkern). Ich ließ mir viel erzählen von Zeiten, in denen das Landleben noch in Blüte stand.
Vieles, was ich selbst erlebt, erlauscht und aufgeschrieben habe, habe ich in meinen Büchern schon verewigt. Auch in diesem Buch sollen Erzählungen, Geschichten und Sagen unserer Nachwelt erhalten bleiben.
Mir geht es darum, die alten, laienhaften Erzählungen und Redewendungen in einfacher Sprache sowie bestimmte Ausdrücke unverfälscht wiederzugeben.

Viel Freude beim Lesen!

Euer
Otto Kerscher

Die Geschichte vom Räuber Heigl

von Dr. Sommerfeldt

Daß im oberen Bayerischen Wald vor langer Zeit der „Räuber Heigl" gelebt hat, das haben wohl die meisten Waldler und viele andere schon gehört. Was er aber alles angestellt hat, das wissen die wenigsten mehr. Der Michl, so hat der Heigl mit Vornamen geheißen, ist Anfang des neunzehnten Jahrhunderts in Beckendorf auf die Welt gekommen. Als Bub ist der Michl Schafhüter gewesen. Seine Eltern hätten es gern gesehen, wenn aus dem Michl ein guter Schlosser geworden wäre. So hat man ihn eines Tages nach Furth im Wald gebracht in die Lehr. Das Lernen hat aber dem Michl gleich gar nicht gefallen, er war aber zu was anderm geboren. Der Michl hat also seinen Meister bald wieder verlassen und hat sich eine Zeitlang nichtsnutzig in der Welt herumgetrieben. Wie er's nachher gespannt hat, daß man zum Leben auch Geld braucht, so hat er eine kleine Hausiererei angefangen, und zwar mit Geschirr. Es hat aber gar nicht lange gedauert, da ist der Michl schon mit dem Gericht in Konflikt gekommen, und das hat dann sein Leben lang nimmer abgerissen. Er hat sein Elternhaus verlassen und hat sich im Wald umeinandergetrieben, bald da und bald dort. Schon im Jahr 1842 hat er sich eine strafrechtliche Sache zukommen lassen. Man hat ihn eingefangen und dem Richter vorgestellt. Der Richter hat den Michl für zwei Jahre in ein Zwangsarbeitshaus verurteilt und dazu zu 25 Rutenschlägen auf seinen Hintern. Wie aber der Michl dieses Urteil gehört hat, hat er gleich geschaut, ob er dieser Sache nicht aus dem Weg kommen kann. In der Frohnfeste in Kötzting ist dieses Urteil gesprochen worden.

Und während der Landgerichtsassessor das Urteil recht gewissenhaft niederschreibt oder besser gesagt: das Protokoll dem andern diktiert zum Schreiben, ist der Heigl wie der Blitz aus dem Verhörzimmer hinaus, ist über die Treppe in den Hausfletz hinuntergesprungen, hat den Haustürriegel zurückgerissen und ist zum Teufel aus.

Wie er draußen ums Hauseck rennt, sieht ihn der Protokollschreiber und schreit was er kann: „Jessas, Jessas, Herr Assessor, da Heigl rennt uns davo!" Der Assessor ist wohl richtig erschrocken, hat aber zum Protokollschreiber in ganz ruhigem Ton gesagt: „Was schreist denn so, wo will er denn schon hinrennen? Er hat ja seinen Hut noch da liegen!" Der Heigl aber hat sich um seinen Hut nimmer gekümmert und ist im Wald verschwunden.

Der Heigl Michl ist gut einen Meter achtzig groß gewesen und untersetzt. Er ist damals 26 Jahr alt gewesen. Seine zwei scharfen Augen haben unterm Hirn gerade so geblitzt. Er hat allerweil schon ein wenig spitzbübisch gelacht, und eine Hakennase (gebogene Nase) hat er auch gehabt.

Wenn aber der Heigl in Aufregung gekommen ist, dann ist ihm das spitzbübische Lachen immer sofort vergangen, und die Leut haben Angst bekommen vor ihm. Er hat aber auch viel Vertrauen gefunden, besonders bei den armen Leuten, denen er sogar etwas schenkte. Und so hat er sich bei den Armen viel aufhalten können. Tag und Nacht ist der Heigl von der Polizei gesucht worden, man hat ihn nicht gefunden, weil er sich in Häusern auf dem Dachboden oder im Stadl verkrochen hat. Im Sommer hat er sich auf dem Kaitersberg droben aufgehalten in einer großen Steinhöhle. In dieser Höhle ist der Heigl lange Zeit gut versteckt gewesen. Diese Höhle heißt heute noch die „Räuber-Heigl-Höhle“. Diese Höhle, in der man weit umher hat kriechen können, hat nur einen Eingang. Von dieser Höhle aus hat der Heigl die ganze Kötztinger Gegend überschauen können. So hat er es immer gleich gemerkt, wenn in Kötzting die Schandarm ausgezogen sind in Richtung Kaitersberg. Wenn der Heigl manchmal wirklich überrascht worden ist, dann hat er getan, als gehöre er zu den Hausleuten. Gekannt hat ihn ja von den Schandarmen fast keiner. Kein einziger Bauer hat sich getraut, den Heigl zu verraten, weil ein jeder Angst gehabt hat, daß eines Tages der Hof in Flammen aufgeht. Einmal ist der Heigl doch verraten worden, daß er sich in einem gewissen Hof aufhält. Und wie er bei diesem Bauern dann überrascht worden ist, hat er sich gleich als der Knecht ausgegeben. Ja, er hat sogar Licht gemacht und hat der Polizei im Haus und Hof suchen helfen. Im Wald hat sich der Heigl gern bei den Waldarbeitern aufgehalten, und wenn er dabei von der Polizei entdeckt worden ist, dann hat er gleich Werkzeug zur Hand genommen, und er hat zu den Waldarbeitern gehört.

Die Waldarbeiter haben sogar zusammengeholfen und haben die Polizisten auf eine ganz falsche Richtung geleitet. Man hat keinen anderen Rat mehr gewußt, als daß man eines Tages einen Sträfling aus dem Zuchthaus gelassen hat, der den Heigl Michl von früher her gut gekannt hat, weil es auch ein ehemaliger Freund gewesen ist. Dieser Zuchthäusler mit Namen „Fandl“ hat dann einen strengen Auftrag gekriegt, daß er den Heigl suchen muß. Der Zuchthäusler hat auch der Polizei recht bald Nachricht gebracht, daß sich der Heigl mit seiner Geliebten am Predigtstuhl oben mitten im Wald aufhält und daß man ihn dort ganz sicher erwischen wird. Gleich sind zwei Polizisten fort und haben den Predigtstuhl bestiegen. Und wirklich haben sie den Heigl überrascht wie er gerade Brotzeit gemacht hat. Der Heigl hat sich dabei recht ruhig verhalten und hat getan wie wenn ihm das alles ganz wurscht wäre. Wie aber der eine Polizist dem Heigl die Hände fesseln will und hat dabei sein Gewehr zur Seite gelegt, hat der Heigl blitzschnell das Gewehr gepackt, hat damit den Polizisten niedergedroschen und ist mit seinem Weib im Dickicht verschwunden. Der Zuchthäusler, der den Heigl verraten hat, der hat recht bald vom Heigl einen Schuß abbekommen als Anerkennung. Der Heigl ist vom Predigtstuhl aus heruntergerannt bis zum Weißen Regen, aber erwischt haben sie ihn nicht.

Wieder einmal ist der Polizei verraten worden, daß der Heigl in Schönbuchen im Wirtshaus sitze. Gleich hat sich die Polizei auf den Weg gemacht und fest gehofft, daß nun der Heigl endlich in die Falle geht. Und wirklich trifft der Schandarm den Heigl im Wirtshaus an. „Heigl", hat der Schandarm gleich geschrien, „ergib dich, weil heut kommst du mir nimmer aus!" Der Heigl hat ein recht demütiges Gesicht gemacht und hat den Schandarm angeredet: „Ich bin froh, daß ich endlich erwischt worden bin und ergib mich gern!" Wie aber der Schandarm ganz nah an den Heigl herangekommen ist, ist der Heigl aufgesprungen, und schon sind alle zwei in ein Handgemenge gekommen. Der Schandarm bringt dummerweise seinen Daumen in Heigls Mund hinein, und der Heigl beißt ihm sauber den Daumen ab. Der Schandarm hat geschrien vor Wehdung, und der Heigl hat recht gelacht und ist davongerannt.

Wieder hat man den Heigl lange nicht gefunden, weil er von den Armen so viel unterstützt worden ist. Der Heigl hat von den großen Bauern viel gestohlen, und den Armen hat er viel gegeben davon. Einmal hat der „Wendlbauer" für 1000 Gulden Bäume verkauft, und wie es schon finster geworden ist, ist der Bauer mit dem Geld erst heimgegangen. Auf dem Heimweg kommt plötzlich ein Mann mit einem Jagdgewehr hinter ihm her. Dieser Nachkömmling ist recht freundlich zu dem Bauern gewesen, und so sind sie alle zwei fest ins Gespräch gekommen. Der Bauer erzählt sogar dem andern, daß er Bäume verkauft hat und daß er dafür 1000 Gulden in seiner Joppentasche mitträgt. „Du traust dir aber viel", hat der fremde Mann gemeint. „Ach was", hat der Bauer gesagt, „fürchten tu ich mich überhaupt nicht, nur den Räuber Heigl, den hab ich auf der Mugg. Was muß ich dir geben", hat der Bauer zu dem fremden Mann gesagt, „wenn du mir mein Geld sicher durch den Wald trägst?" „Nichts darfst mir geben", hat der fremde Mann gesagt, hat das schwere Säckl voll Gulden genommen und hat es bis zum Wegkreuz auf die Schönbucher-Höh getragen. Dort hat er dem Bauern sein Geld wieder in die Hände gedrückt und hat nebenbei in aller Ruhe gesagt: „Jetzt brauchst dir nimmer fürchten, und den Leuten kannst erzählen, daß dir der Räuber Heigl dein Geld durch den finsteren Wald getragen hat." Wie der Wendlbauer erschrocken ist, das kann sich wohl ein jedes vorstellen. Er hat am ganzen Körper gezittert. Dann hat der Wendlbauer den ledernen Geldbeutl aufgemacht, hat einen Sechser herausgenommen und wollt ihn den Heigl als Belohnung geben. Der Heigl aber hat schmunzelnd den Sechser zurückgewiesen und ist seine Wege gegangen.

Bald darauf hat der Heigl wieder ein ähnliches Stückl geliefert. Hat er an einem Waldweg ein hübsches junges Mädl getroffen, das ein schweres Körbl mit sich getragen hat. Dieses Mädl ist aus dem Zellertal gekommen, dort ist sie mit einem Söldnersburschen von Auwasser verlobt gewesen. Der Heigl hat sich als Metzgerssohn aus Lam ausgegeben. Die junge Braut ist herzlich froh gewesen, daß sie durch diesen dichten Wald einen ordentlichen Burschen dabei hat. Sie hat ihm sogar anvertraut, ihr das schwere Körbl zu tragen, in dem ihre 200 Gulden Heiratsgut sind, die ihr Vater hart verdient hat. „Auch allerhand Schmuck", hat sie dem Burschen erzählt, „ist in dem Körbl". Der Bursch hat das Körbl freundlich in die Händ genommen und hat es schön neben ihr hergetragen. Auf einmal hat sich dann der Weg getrennt, und der fremde Bursche hat gesagt, er müsse jetzt leider einen anderen Weg gehen. Er hat dem Mädl freundlich das Körbl zurückgegeben und hat ihr noch gesagt, sie solle ihren Hochzeiter einen schönen Gruß ausrichten und ihm auch sagen, daß ihr der verrufene Räuber Heigl ihr ganzes Heiratsgut durch den finsteren Wald getragen hat und daß man sich vor ihm nicht fürchten braucht. Das junge Mädl ist vor Schreck gerannt durch den Rest des Waldes, und überall hat sie dann dieses Erlebnis erzählt.

Oft hat sich der Heigl vorgenommen, er will sich bessern. Ein Kötztinger Bürger, der den Heigl einmal des Weges getroffen hat, hat dem Heigl gleich zugeredet, er solle doch wieder einen ordentlichen Menschen machen. Der Heigl hat es ihm ernsthaft versprochen, während ihm die Tränen aus den Augen gelaufen sind. Um diese Zeit hat der Heigl seine erste Verliebte verlassen, und er hat sich in eine Wildschützenstochter mit Namen Theresia P. aus Gotzendorf verliebt. Das war ein armes, aber dafür ein wunderschönes Mädl. Ihr Vater, ein bekannter Wildschütz, hat dann seine Tochter an einen Bauern in Zellertal verdingt als Hütermädl. Das hat dem Räuber Heigl gut gepaßt, weil er da bei Nacht aus- und eingehen hat können wie er wollen hat. Wegen dieser neuen Lieb sind aber recht bald wieder die Schandarm gehend geworden. Der Heigl hat nämlich seiner Resi allerhand geschenkt, das er woanders gestohlen hat. Das Hütermädl hat von dem Bauern weg müssen und wieder heim zu ihren Eltern nach Gotzendorf. Ihr Vater ist aber inzwischen in Kötzting eingesperrt worden wegen Wilddieberei. Der Heigl ist der Reserl wieder nachgeschlichen und hat ihr sogar fest versprochen, er will nach Ungarn ziehen, sich dort um eine Arbeit schauen, und er will ein ordentlicher Mensch werden. Die Resi hat dem Heigl versprochen, daß sie mit ihm nach Ungarn zieht und daß sie ihm für alle Zeit treu sind wird.

Sie haben sich beide auch bald auf den Weg gemacht. In Preßburg hat sich der Heigl ein Wirtshaus gepachtet, und die Resi, die hat er als seine Schwester angegeben. Drei Jahre hat's der Heigl dort ausgehalten, dann hat es ihn wieder zurückgezogen in seine Bayerwaldheimat. Kaum war er daheim, hat er schon wieder angefangen mit Raubüberfällen und Einbrechen. Aufgehalten hat er sich vor allem auf dem Kaitersberg in seiner schon früher bewohnten Höhle. Auch die Polizei hat wieder angefangen, nach ihm zu suchen. Man hat den Heigl sogar schon den Schrecken des Bayerischen Waldes genannt. Schön langsam haben auch die Armen dem Heigl nimmer recht getraut. Da ist der Heigl eines Abends wieder bei Nacht herunter ins Zellertal. Beim Weinbauern haben sie in der Stube eben laut das Nachtgebet gebetet. Der Heigl klopft ans Fenster, und als man das Fenster aufmachte, schiebt der Heigl ein kleins Packerl durchs Fenster hinein, da ist ein ganz neugeborenes Kindl eingewickelt gewesen. „Da ist ein Trommeltauberer drin", hat der Heigl nebenbei hinein geschrien durchs Fenster. Nachdem man gesehen hat, was da im Packl ist, ist der Bauer gleich zur Haustür heraus und hat wegen der Sache mit dem Heigl reden wollen. Der Heigl hat dem Bauern gesagt, wenn er nicht sofort im Haus verschwinde, erschieße er ihn. Genau so hat es der Heigl mit all seinen neugeborenen Kindern gemacht. Wenn er bei einem Bauern so ein Kindl zum Fenster hineingesteckt hat, hat er nebenbei einen Zettel dazu getan, da war Geld eingewickelt, und auf dem Zettel stand, daß dieses Geld für die Tauf des Kindes gehört. Er hat auch zu den Bauern gesagt: „Wenn die Kinder nicht ordentlich aufgezogen werden, dann brennt eines Tages ihr Hof." Er hat sich bei Nacht sogar öfters erkundigt, wie es seinen Turteltauben geht.

Im Lamer Winkl wär's recht ruhig gewesen, aber der Heigl hat überall Angst und Schrecken hineingebracht. Seine Verbrechen sind immer mehr geworden. Seine Schußwaffe hat er gar oft in Gebrauch genommen. Er hat vor gar nichts mehr Rücksicht genommen. Sogar einige Männer hat er sich gefunden, die mit ihm zum Räubern gegangen sind. Der Heigl selber hat dabei den Hauptmann gemacht.

Der Therese P., dem Heigl seine Verliebte, hat inzwischen schon vier Kinder zur Welt gebracht und diese oben am Kaitersberg in der kalten Höhle. Die Kinder hat der Heigl am ersten Tag gleich ins Tal gebracht und sie bei Bauern abgeliefert. Die Resi wollte in ihrer unglücklichen Lage den Heigl oft verlassen, aber immer wieder hat er sie überredet.

Bei all seinen Raubunternehmen hat er die Resl nie mitgehen lassen, sie hat bei stockfinsterer Nacht im Urwald auf dem Kaitersberg in der Steinhöhle alleine bleiben müssen. Die Regierung hat sogar einen Preis ausgesetzt, wenn der Heigl erwischt werden könnte. Viele Bauern haben den Heigl mit Geld unterstützt, bloß weil er dauernd gedroht hat mit Feuer. Den Bauern ist aber jede Unterstützung verboten gewesen. Die Lage ist für den Heigl dann immer schwieriger geworden. Mehrere Bauern sind sogar mit den Schandarmen mitgegangen, wenn nach dem Heigl Streifzüge gemacht worden sind. Der Kaminkehrermeister von Kötzting, der Dirmayer Karl, hat bei diesen Streifzügen sogar den Zugführer gemacht. Einmal haben sich sogar 400 Mann zusammengetan und haben von allen Seiten den Kaitersberg bestiegen. Mit Begleitung der Schandarmen ist bei Nacht der ganze Kaitersberg umzingelt worden.

In der Früh um fünf Uhr sind sie alle rund um die Räuberhöhle zusammengekommen. Der Heigl hat von dieser Sache überhaupt nichts gespannt. Er hat in seiner Höhle gut geschlafen, und seine Resl hat wachen müssen. Die Resl hat schon gemeint, sie hört einen Hund schnaufen, hat sich aber nicht getraut, daß sie deswegen den Heigl gleich aufweckt. Und wie sie ihn dann doch aufgeweckt hat, sind sie alle zwei blitzschnell fort durch den Schraukenwald. Sie hat es ihm auch erzählt, daß sie schon längere Zeit einen Hund gehört hat. Schnell sind sie alle zwei auf den Kamm des Kaitersbergs hinauf und sind in eine Felsenkluft hineingekrochen. Der Heigl hat vor Müdigkeit gleich wieder eingeschlafen. Seine Reserl hat wieder gut gewacht, aber sie hat nebenbei schreckliche Angst mitgemacht. Die Streifen sind ihnen alle gefolgt. Einer von den 400 Mann, der Mühlbauer, hat am Kaitersberg oben einen jeden Schlupfwinkel gekannt. Und wirklich, auf einmal sind sie vor dem Schlupfwinkel des Heigl. Der Heigl aber und seine Resl sind heraus aus der Höhle, und schon sind sie wieder im Wald verschwunden gewesen.

Bei der Flucht ist der Heigl mit seiner Resl einem der 400 Mann, es ist ein gut bekannter Bauer des Heigl gewesen, in die Hände gefallen. Der Heigl hat den Bauern recht freundlich angelacht und hat ihn gefragt, in welche Richtung er am besten rennen soll. Und der Bauer hat ihm vor Angst genau hingezeigt, wo seine Verfolger schon lauern. Dann ist gleich ein Schuß gefallen. Das ist für alle ein Alarmzeichen gewesen, daß der Heigl in der Nähe ist. Der Heigl ist inzwischen mit seiner Resl durchs Dickicht durch den Kaitersberg hinunter dem Regen zu. Auf einmal kommt ein großer Hund auf den Heigl zu. Der Heigl gibt einen Schuß auf den Hund, hat ihn aber nicht getroffen. Der Hund ist aber durch den Schuß gereizt worden und hat den Heigl erst recht verfolgt. Der Hund ist dem Heigl unter die Füß gerannt, und der Heigl ist gestürzt. Und schon sind drei Mann auf den Heigl los, der Mulderer, der Vogl und der Mühlbauer. Der Heigl hat mit aller Kraft mit dem Hund zu kämpfen gehabt. Während dem ist auch dem Heigl sein größter Feind, der Franz Buchbauer herbei gekommen. Der Heigl hat mit aller Wucht den Hund auf die Seite geschleudert und hat mit seinem Zwilling einen Schuß auf seinen Hauptfeind, den Franz, abgegeben. Der Schuß hat aber nicht den Franz getroffen, sondern den Mühlbauer von Haselstauden. Und nochmals ist ihnen der Heigl ausgekommen und ist in einen Steinriegel hineingesprungen.

Der Hund aber ist dem Heigl wieder nach, und der Heigl ist wieder gestürzt. Jetzt ist es aber um den Heigl geschehen gewesen. Rundum sind sie über ihn hergefallen. Der Heigl hat sich gewehrt wie ein Bär, aber es hat ihm nichts mehr geholfen. Der Heigl hat geschrien vor Wut und Schmerz, weil die Bauern wirklich keinen Grund gehabt haben, daß sie mit ihm recht roglig umgetan hätten. Die Resl war dieser Zeit noch in einem Dickicht versteckt. Sie ist heraus und hat die Bauern gebeten, sie sollen den Heigl ein bisserl sanfter behandeln. Der Heigl hat den Bauern gedroht, wenn sie ihn nicht auslassen, so wird er sie bei nächster Gelegenheit alle umlegen. Doch die Bauern haben kein Mitleid mehr gekannt. Sie haben ihn festgehalten bis die Schandarm angekommen sind. Die haben ihn zusammengepackt und ihn beim Gericht abgeliefert. Der Mühlbauer, der vom Heigl angeschossen war, ist mit einer Tragbahre heimgebracht worden. Der Schuß war Gott sei Dank nicht tödlich. Der Heigl und seine Resl sind gefesselt worden und in die Frohnfeste Kötzting gebracht worden.

Nur wenige hundert Meter unter diesem Kreuzfelsen befindet sich die Räuber-Heigl-Höhle

Den Leuten, die am Weg gestanden sind, hat der Heigl noch während er schon gefesselt war Angst gemacht, er wird bei nächster Gelegenheit schon abrechnen mit ihnen. In der Frohnfeste haben sie ihm gleich Ketten an die Füß gelegt. Zur Schwurgerichtsverhandlung ist der Heigl nach Straubing gebracht worden. Und während er dort in der Frohnfeste eingekastelt gewesen ist, wär er ihnen bald nochmals ausgekommen. Er hat sich beim Gerichtsdiener so einschmeicheln können, daß ihm dieser sogar die Ketten abgenommen hat. Wie dann der Gerichtsdiener in der Früh zur Visitation in Heigls Zelle kommt, ist der Heigl zur Tür hinausgesprungen und hat hinter sich den Gerichtsdiener eingesperrt. Doch der Heigl mußte noch, um ins Freie zu kommen, durch mehrere Räume, die aber auch verriegelt waren, und so hat halt der Heigl doch nicht ins Freie kommen können. Der Heigl ist dann im nächstbesten Kammerl verschwunden und hat sich unscheniert in ein Bett gelegt. Der eingesperrte Gerichtsdiener hat eine Mordsgaudi gemacht. Die Polizei hat wohl den eingesperrten Gerichtsdiener gefunden, der Heigl aber ist verschwunden gewesen.

Sofort ist alamiert worden, alle Straßen und Gassen in Straubing sind abgesperrt worden, alle Wirtshäuser durchsucht, aber alles umsonst. Erst abends, wie Zeit gewesen ist zum Bettgehen, hat einer der Aufseher den Heigl im Bett entdeckt. Alle waren voller Freud, daß der Heigl noch da ist. Nach diesem Fluchtversuch sind dem Heigl die Ketten nimmer abgenommen worden.
Bei der Schwurgerichtsverhandlung ist der Heigl zum Tod verurteilt worden. Der damalige König aber hat den Heigl begnadigt zu Kettenstrafe, und dann ist er ins Strafarbeitshaus nach Au abgeliefert worden. Dort hat's der Heigl durch sein scheinheiliges Verhalten fertiggebracht, daß er sogar noch Aufseher geworden ist. Seine Mitgefangenen haben aber dadurch einen großen Haß auf ihn bekommen. Und so hat ihn halt eines Tages ein Mitgefangener mit einer eisernen Kettenkugel erschlagen. Das ist im Jahre 1857 gewesen.
Wie der Räuber Heigl gelebt hat, so ist er auch gestorben.
Die Theres hat einige Monate im Strafarbeitshaus verbringen müssen, dann hat sie wieder heim dürfen in ihre Heimat nach Gotzendorf.
Nur zwei Kinder von ihr haben noch gelebt. Mit denen hat sie dann gehaust, und sie hat sich sogar noch einen guten Ruf erworben.

Die Schreiner Marie (aus Hunderdorf)

Mein Vater ist ein Bürstenbinder gewesen und wir Kinder haben von ihm alle das Bürstenmachen gelernt. Gemacht haben wir alles mögliche: Ausweißpinsel, Waschbürsten, Schuhbürsten, Kleiderbürsten, Schroppen, Besen und Farbpinsel in allen Größen. Da sind wir gar oft bis Mitternacht am Tisch gesessen und haben mit großem Fleiß Bürsten gebunden. Ja, und schnell haben wir arbeiten müssen, damit man was ausgerichtet hat. Unsere Ware hat man nämlich sehr günstig herstellen müssen, weil es recht viele Bürstenbinder gegeben hat. In Allerherrgottsfrüh sind wir immer aufgestanden, haben uns die Bucklkirm bis oben voll Besen und Bürsten vollgepackt und sind dann losgegangen in alle Himmelsrichtungen zum Verhausieren.

Ich bin mit meiner Schwester meist zu zweit unterwegs gewesen. Bis in die Holledau sind wir zwei hinauf gekommen und auch hinab ins Rottal. Auch den ganzen Bayerischen Wald sind wir abgelaufen und weit hinauf in die Oberpfalz. In der Oberpfalz oben, da haben wir am wenigsten Geschäft gemacht. Einen Mordstrum Kettenhund haben sie da fast in jedem Haus gehabt, und die haben an einem Drahtseil entlang den ganzen Hof ablaufen können. Wenn man geschrien hat, hat sich niemand gemeldet, und so hat man halt wieder weiter wandern müssen. Die allerliebste Gegend ist mir der Raum um Neukirchen beim Heiligen Blut gewesen. Da hat's gehörige, brave Leut gegeben, und die haben uns immer was abgekauft. In dieser Neukirchner Gegend, da bin ich auch gern und oft über Nacht geblieben. Die Leut haben dort fast in jedem Haus Rosenkränze gebunden als Heimarbeit. Sogar halbe Nächte haben sie durchgearbeitet. Auch die Kinder haben dabei helfen müssen, wenn sie von der Schul heimgekommen sind. Die Leut, jung und alt, haben dort das Rosenkranzbinden so los gehabt, daß man grad so schaun hat müssen, da sind ihre Finger nur so geflogen. Mein Gott, wenn man 40 Jahre Bürsten verhausiert, da hat man so viel Seltsames erlebt, gar nicht zum Sagen.

Überall wo wir über Nacht geblieben sind, da hab ich an den Abenden den Leuten stundenlang Geschichten und Erlebnisse erzählen müssen. Das haben die Leut besonders gern mögen. Als Lohn fürs Übernachten hat man halt eine Bürste oder zwei abgegeben.

Einmal, es ist in der Oberpfalz oben gewesen und zwar in der ganz schlechten Zeit nach dem Ersten Weltkrieg. Alle waren wir schon zu Bett gegangen. Auf einmal haben da einige an der Haustür rumgewergelt. Der große Hofhund war in der Stube. Der Bauer hat den Hund an der Halskette genommen, hat die Haustür aufgesperrt um nachzuschauen. Und stell dir vor, nicht weniger als sechs Mann sind im Hof gestanden und wollten einbrechen. Jeder hatte das Gesicht mit einem Strumpf vermacht. Der Bauer hat den großen, bissi-

gen Hund losgelassen, und die sechs Mann sind fort. Das sollst du gesehen haben, wie die gerannt sind. Wir waren alle aufgestanden und haben ihnen durch die Fenster nachgeschaut. Diese Diebe haben sogar in ihrem Schreck noch allerhand verloren, was sie woanders gestohlen hatten.
Ich hab schon von Kindheit an eine recht rösche (kräftige) Stimme gehabt. Bei vielen Bauern ist abends noch so zehn Minuten laut gebetet worden. Da mußte ich oft vorbeten. Ich hab das gern gemacht, weil ich doch dann viel gegolten hab und hab mir dabei liebe Kundschaften gewonnen. Vor dem Bettgehen ist bei manchen Bauern gleich noch eine halbe Stunde laut gebetet worden. Und die Leut haben da mit einer Seelenruhe und mit Andacht mitgemacht. Sie waren es von Kindheit auf so gewohnt.
Einmal, da bin ich bei einer recht armen, kinderreichen Familie über Nacht geblieben, da sah ich an der Ofenstange überm Ofen einige Säcke hängen. In jedem Sack war zusammengebetteltes Brot drinnen. Man hatte das überm Ofen hängen, damit es nicht grau (schimmelig) hat werden können. Mein Gott, zehn Kinder haben diese armen Leut gehabt. Jeden Tag fast hat's da Wassersuppe gegeben, und das harte Brot wurde eingebrockt. Ich hab diesen armen Leuten am andern Tag sogar zwei Bürsten geschenkt.
In den Jahren nach dem Ersten Weltkrieg hat man viel so arme Leut angetroffen. Eine „saure Suppe" hab ich da oft mitgegessen, die war so dick wie Pudding, damit sie mehr für Hunger gegangen ist. In einem Haus haben sie mir einmal erzählt: Vier Wochen können wir schon kein Brot mehr backen, weil wir kein Mehl haben. Zwei alte Geschwister hab ich einmal angetroffen, die hatten fast alle Fenster mit Hadern verhängt, weil die Scheiben zerbrochen waren. Auch das ist um 1925, in der schlechten Zeit, gewesen. In einem Haus hab ich einmal übernachtet. Es ist um Sebasti (20.1.) gewesen, und es war närrisch kalt. Da haben alle Kinder in der Stube geschlafen, weil es auf dem Dachboden zu kalt war. Ich habe die vielen armen Leut respektiert, weil ich selber von Kindheit aus gelernt hab, was Armut ist. Bei vielen Leuten hab ich erlebt, wie sie ihr hart Erspartes im Strohsack versteckt hatten. Auch unterm Nachthaferl hatte manches Mutterl ihren Geldbeutel sicherheitshalber versteckt.
Viel Leut haben sich damals noch fast alles selber gemacht. Die Leinenwäsche haben sie gefärbt mit Walnußschalen, hat gar nicht schlecht ausgesehen. Es wurde damals als Werktagskleidung noch sehr viel aus dem Leinen hergestellt. Werktagskleidung haben sich die jungen Mädchen und Frauen selber viel genäht. Die Männer haben im kalten Winter über das Leibl extra noch einen „Schankas" getragen. Das ist eine Art lange Weste gewesen, die gerade nach unten hing, wie ein dickes Hemd. Man hat diesen Schankas auch „Tschawa" genannt. Manche Bauernstuben haben romantisch ausgesehen. Die großen Spiegel hat man damals mit einem selbstgemachten Kranz aus

bunten Papierrosen umwunden. Auch Heiligenfiguren und Bilder hat man so umrahmt. Das hat gar nicht schlecht ausgesehen.
Aber wie ich schon gesagt hab, mit dem Essen ist es damals arm hergegangen. Man hat aus Dorschen Scheiben geschnitten, wie Kohlrabi, hat sie gekocht und Einbrenne dazu gegeben. Ist gar nicht so schlecht gewesen und auch gesund. Kaffee hat man damals gekocht aus gedörrten Runkelrübenscheiben und Eicheln. Auch der ist nicht schlecht gewesen. Ja, die Armut, die macht erfinderisch.
Recht saubere, aber auch schlampige Bauernhäuser hat man angetroffen. Wenn manche eine schlechtgewaschene Wäsche beim Hof hängen hatten, dann hat man gesagt: „Die hat der Rauchfangkehrer gewaschen."

Über einen Meter hoch lag in früheren Wintern in St. Englmar der Schnee

Der ehrbare Bader

vom Schreiner Max, Rattenberg

Der Bader von Konzell ist allerweil weit und breit beliebt gewesen. Er ist von all seinen Patienten wegen seiner Tüchtigkeit und wegen seines guten Humors gefragt und geschätzt gewesen.

So ist es auch leicht zu verstehen, daß er ein recht großes Gäu zu versorgen gehabt hat. Ist so mancher Patient recht weit entfernt gewesen, so hat sich der Bader mit dem altväterlichen Hochrad auf den Weg gemacht. Um 1905 ist es gewesen, als man in dringend nach Wies bei Rattenberg geholt hat. Wie der Bader dann im Hof des Patienten vom Hochrad gestiegen ist, hat ihn seine schon wartende Frau gleich mit gut gemeinten Ehren begrüßt: „Grüaß God, Herr Schwarzer, hams heut s'Radl aa bo dia?"

Das Gruseln gelernt
von der Reiserin vom Hochholz

Da ist in der Prackenbacher Pfarr ein junger Bursch gewesen, der hat immer wieder behauptet, er fürchte keinen Geist und auch keinen Teufel. Aber so etwas soll man wirklich nicht sagen, weil das ein Frevel ist. Es ist Ende September gewesen, und die Zwetschgen sind damals richtig zeitig und süß gewesen. „Heut Nacht", hat dieser Bursch zu seiner etwas furchtsamen Schwester gesagt, „heut Nacht geh ich zum Zwetschgenstehlen, und da mußt auch du mitgehen, weil ich jemanden brauch, der mir tragen hilft. Und fortgehen tun wir so weit, wo uns niemand mehr kennt, im Fall, daß uns jemand erwischen sollte. Korb nehmen wir einen ganz großen mit, daß es auch der Mühe wert ist."
So sind sie also beide am Abend bei der Finster losgegangen. Schon recht bald haben die zwei durch einen tiefen Hohlweg gehen müssen. Da ist auf einmal mit einem fürchterlichen Geräusch eine Menschengestalt aufgeflogen und hat sich schnurgrad vor die zwei hingestellt. Der Bursch hat diese Gestalt mehrmals angeschrien, sie solle verschwinden. Weil sich diese aber überhaupt nicht gerührt hat, hat der Bursch das lange Messer gezogen und ist auf den Geist losgegangen. Und gerad wie er drauf einstechen hat wollen, ist es ihm aufgefallen, daß diese Gestalt ganz glühende Augen hat, und es ist ihm eiskalt über den ganzen Körper gelaufen. Er hat sein langes Messer eingesteckt und ist mit seiner Schwester heimwärts gerannt. Von da an ist er nie mehr zum Zwetschgenstehlen gegangen und hat sich auch nie mehr erlaubt zu sagen: „Ich fürcht keinen Geist und auch keinen Teufel!"

Der Lex Sepp

„1897 bin ich geboren in Zierling oben bei Konzell. Zehn Geschwister sind uns gewesen, davon sind zwei im Kindesalter gestorben. Mein Vater ist ein armer Häuslmann gewesen und damals haben die Häuslleut nicht länger als fünf Jahr in der gleichen Gemeinde wohnen dürfen, das ist so Gesetz gewesen. Mit sechs Jahren hab ich auch schon den weiten Weg zur Kirche gehen müssen. Aber da bin ich recht gern mitgegangen, weil da hat man ab und zu einen Verwandten getroffen, von dem man ein Fünferl gekriegt hat. Und das ist damals schon was gewesen. Einmal hat mir sogar der Schulgehilf ein Fünferl gegeben, weil ich so einen weiten Schulweg hab und trotzdem so fleißig lern, hat er gesagt. Was ich damals für eine Freud gehabt hab mit diesem Fünferl, das kann ich dir gar nicht sagen. Mit der Schulkleidung ist es natürlich auch arm hergegangen. Die kleineren Geschwister haben immer das Gewand von den größeren anziehen müssen, wenn's noch zum Anziehen gewesen ist. Die Mutter hat immer wieder einen Fleck auf den anderen geflickt. Die Socken hat uns Kindern alle unsere unermüdliche Mutter gestrickt aus Schafwolle und der Vater hat uns für die Schule und für daheim Holzschuhe gefertigt.

Die Lehrer sind zu meiner Zeit schon streng gewesen, aber auch recht verständnisvoll und seelengut. Ich bin sehr gern zur Schule gegangen und man hat auch was gelernt. Wie ich dann ins sechste Schuljahr gegangen bin, dann hab ich schon zum Eckl nach Felling müssen als Hütbub. Natürlich hab ich da Vormittags erst zur Schule gehen müssen. Zum Hausaufgaben machen hat's bei Tag überhaupt keine Zeit gegeben und abends, da bin ich dann gar oft nimmer dazugekommen. Aber das ist auch gar nicht so wichtig gewesen, wir sind tüchtige, anständige Menschen geworden. Wie ich aus der Schule gekommen bin, wurde ich beim Huis in Siegersdorf als Hütbub eingestellt. Da bin ich mehrere Jahre geblieben und es ist auch mein allerliebster Platz gewesen.

Der Huisbauer ist ein recht ruheliebender und tiefchristlicher Mann gewesen. Er war streng aber auch seelengut. Auf dem Hof ist besonders viel gebetet worden. Als nächstes bin ich dann zum Ecklbauern nach Steinachern umgezogen. Da war ich vorerst „Drittler" (dritter Knecht), bin aber bald als „Bama" (Roßknecht) befördert worden. Vom Ecklbauern aus bin ich in die Redlmühl hinter gekommen, von dort zum Wirt nach Maierhof, auch als Roßknecht. Von dort bin ich zum Schleifferbauern nach Klinglbach gekommen, auch als Roßknecht. Am ersten September 1916 aber hab ich in den Krieg fort müssen. Bin in Frankreich drin an die Front gekommen und in Gefangenschaft. Wie ich 1920 aus der Gefangenschaft heimgekommen bin, hab ich gleich wieder beim Ecklbauern als Knecht anfangen können. 1921 hab ich geheiratet, bin aber weiterhin beim Ecklbauern als Knecht geblieben. Es ist damals nach dem Krieg eine ganz schlechte Zeit gewesen, da ist man um jede Arbeit froh und dankbar gewesen. Meine Frau hat auf der Hochwies gewohnt und da bin ich jeden Tag abends nach dem Füttern heimgegangen, den weiten Weg. Um zwei Uhr Früh hab ich im Sommer aber schon wieder beim Bauern sein müssen. Hab dann bald auf der „Quetsch" (Quarzitwerk Altrandsberg) anfangen können. Zwei Stunden hab ich da aber gehen müssen zu Fuß zur Arbeit, ja, zwei Stunden hin und zwei Stunden heim. Und arbeiten hat man dort schwer müssen. 1923 hab ich beim Höllensteinwerk anfangen können. Da bin ich dann jeden Tag gleich zweieinhalb Stunden zu Fuß zur Arbeit gegangen und zweieinhalb Stunden wieder heim, kannst dir das vorstellen?

Ja, mein Lieber, das hat man schon gespürt in den Füßen. Im Sommer hab ich den weiten Weg aus Sparsamkeit die Schuhe immer über die Schulter gehängt

Zwei brave, reicherfahrene Waldler

und bei der Arbeitsstell dann angezogen. Auch ist man barfuß nicht so müd geworden.
Elf Stunden haben wir da am Tag schwer arbeiten müssen im Höllensteinwerk, und an den Samstagen auch noch. Das Essen hab ich mir von daheim mitgenommen, meist nur eine Flasche gekochte Milch und Brot dazu.
Beim Peterbauern auf der Zellerhöh hab ich mir dann vier Tagwerk Grund kaufen können für ganze 800 Mark und hab mir ein kleines Haus dort gebaut. Neben diesem Kaufpreis hat sich der Peterbauer noch ausgenommen, daß meine Frau ihm 20 Schilling (600) Reisigbündel hauen muß. Die vier Tagwerk Grund sind eine reine Öd gewesen. Ich hab mir als erstes von einem Steinhauer von der Wiese die herausragenden Steine herausspalten lassen. Der Steinhauer hat daran wochenlang schwer gearbeitet. Ja, damals hat man viel leisten müssen bis man zu ein bisserl was gekommen ist. Ich hab dann im Steinbruch in Igleinsberg anfangen können, dann im Steinbruch in Mitterdorf,

der hat damals dem Mösch und Raab gehört. Eine Zeitlang bin ich dann auch in die Fabrik nach Fichtental gegangen zur Arbeit. Ja, und daß ich nochmals zurückkomm zu all den Bauern, wo ich als junger Bursch gedient hab, denn da hat's mir eigentlich am besten gefallen. Ich hab meine Arbeit gehörig gemacht und bin so bei jedem Bauern beliebt gewesen. Besonders recht christlich ist es da hergegangen. Nach jedem Essen ist laut vorgebetet worden, meist vom Bauern selber, oder auch von der großen Dirn. Abends nach dem Essen ist immer besonders lang gebetet worden. Alle Ehehaltn sind wir dabei an der langen Wandbank gekniet, da hat sich keins drücken dürfen. Als Frühstück hat es gewöhnlich jeden Tag saure Suppe gegeben, im Sommer aber gesottene Milch, auch ab und zu süßes Muß, das ist recht kräftig gewesen. Am Vormittag gab's zur Brotzeit auch saure Suppe, und schwarzes Brot wurde eingebrockt. Zu Mittag gab's Reiberknödl, Ritschi, Maultaschn, Nudeln, Kartoffelnudeln oder Zwirl. Abends im Sommer Reis, Brein (Hirse) oder Scharrnblätter, dazu meist gestöckelte Milch. An den Winterabenden sind die Weiberleut (meist die jüngeren) nach dem Füttern zur Roggarais (zum Flachsspinnen) gegangen in die Bauernstuben. Manche Mannerleut haben sich da in den Spinnstuben Beschäftigung gesucht. Viele aber sind ihre Wege gegangen zu einem Freund oder auch aufs Kammerfenster. In vielen Stuben ist abends auch gesungen und musiziert worden, aber nicht überall.

Wenn wir Knechte im Sommer schon um drei Uhr auf die Wiese hinaus sind zum Mähen, da haben wir schon gesungen und gepfiffen, daß es grad schön gewesen ist. Wenn da manche vom Vortag noch recht müd waren, so sind sie gleich wieder aufgeheitert worden. Um fünf Uhr früh hat das Hausmädl oder auch die Bäuerin selber die Morgensuppe auf die Wiese gebracht und um neun Uhr dann das Unterbrot. An Sonntagen ist unter den Burschen im Wirtshäusern öfters gerauft worden, aber das sind immer dieselben gewesen, die eine Rauferei angestiftet haben. Recht oft ist es halt wegen eines Weiberleuts zum Raufen gekommen. In machen Dörfern haben da die Burschen besonders zusammengehalten, und es hat ihnen kein fremder Bursch ein Dorfmädl abfischen dürfen.

Ich denk noch gut, wie in vielen Bauernhäusern eine „schwarze Kuchö" im Kamin eingebaut gewesen ist. Da hat ein offenes Feuer gebrannt drin. Bis um 1920 herum haben da manche Bauern noch allerhand gekocht drin. Auch denk ich noch an Bauernstuben, in denen auf einer Art Esse ein offenes Feuer gebrannt hat. Da ist überm Feuer eine Art große Blechhaube befestigt gewesen, die den Rauch aufgefangen und durch einen Kamin abgezogen hat. In den Schwarzen Kuchln wie auch an den aufgemauerten Stubenöfen sind große, gußeiserne Wasserkesseln eingebaut gewesen.

Darin hat man nicht nur das ganze Wasser für Haus und Vieh bereitet, sondern man hat darin auch das Leinen und die Wäsche ausgekocht.

Eine Feldjagd vor 70 Jahren

von einem alten Jäger

Ein pensionierter Jäger vom alten Schrot und Korn (der Huber) ist einmal von seinem Grenznachbarn, dem Hintermeier, zu einer Feldjagd eingeladen worden. Als er mit seinem Jagdhund, dem „Waldo“, zum vereinbarten Treffplatz ging, sah er im Acker einen Hasen sitzen. Da er für seine Küche daheim sowieso einen Hasen brauchte, legte er diesen Hasen um. Er versteckte ihn bis zum Heimweg am nahen Waldrand in den untersten Zweigen eines Dickichtes und bedeckte ihn mit Fichtenzweigen. Sein Hund schaute ihm dabei zu. Und nun ging's zur Treibjagd. Nach der Jagd wurde bei einem Wirt noch eingekehrt. Als es nun Abend geworden war, machte sich der Jäger mit seinem Hund „Waldo“ auf den Heimweg. Es holte ihn ein älterer Bauer ein aus einem entfernten Dorfe, der von einem Viehmarkt kam. Beide haben sich sofort als Schulkameraden erkannt. Sie unterhielten sich eine Weile über Jagd und Viehhandel. Auf einmal meinte der Bauer: „Du bist wirklich ein Jäger mit Leib und Seele, dir macht's so schnell keiner nach.“ „Ja, ja“, sagte der Jäger, „durch Erfahrung wird man zum Jagdkünstler.“ Inzwischen sind sie beim Dickicht angekommen, wo der Hase versteckt war. „Ob du mir's glaubst oder nicht“, sagte der Jäger, „ich schieß heut bei der Stockfinster noch einen Hasen.“ „Den Witz brauchst du mir nicht erzählen“, meinte der Bauer, „es ist doch so finster, daß du auf drei Meter keine Kuh mehr siehst.“ Der Jäger gab in Dickicht-Richtung einen Schuß ab und gab seinem Hund den nötigen Wink. Kaum war der Hund im Wald verschwunden, kam er mit dem am Morgen abgelegten Hasen im Fang daher. Dem Bauern standen nun wirklich die Haare zu Berg. „Jäger“, sagte der, „du hast es mit dem Teufel zu tun, mit dir mag ich keinen Schritt mehr gehn.“ Der Bauer rannte nun was er aus sich brachte über Felder und Wiesen nach Hause. Dem Jäger tropften die Augen vor Lachen. Der Bauer aber machte von dem Tag an immer einen kleinen Bogen, wenn er in die Nähe seines Schulkameraden kam.

In der Ewigkeit

von der Schötz Resl, Kasparzell

Ob du mir's glaubst oder nicht, die Geschicht, die ich dir jetzt erzähl, ist reine Wahrheit. Da sind einmal drei recht versoffene Mannsbilder gewesen, die haben immer, wenn sie vom Bier heimgekommen sind, ihre armen Weiber

Der Herbst in all seiner Buntheit

und Kinder gedroschen. Wie die drei da wieder einmal beieinander hocken beim Saufen, da haben sie vor Übermut ausgemacht, wer von ihnen zuerst stirbt, der muß den andern erscheinen und es ihnen erzählen, wie es drüben auf der anderen Welt zugeht.

Ja, und wie es halt oft hergeht, ist auch bald darauf einer von ihnen gestorben. Wie dann die andern zwei eines Tages vom Bier heim wackeln bei der Stockfinster und kommen zu einem Wegkreuz, da kommt wirklich der Verstorbene schon daher auch. Käsweiß ist er gewesen im Gesicht, und er hat auch gleich das Erzählen angefangen: „Kein Mensch glaubt's, kein Mensch glaubt's, wie genau es zugeht drenten in der Ewigkeit." Von da an haben ihre Weiber und Kinder statt Schläge ein schöneres Leben gekriegt.

Der Bär-Hans

1897 bin ich in Schönstein bei Stallwang geboren. Mein Vater, tröst ihn der liebe Gott, ist ein Binder gewesen. Die meiste Zeit ist er bei den Bauern auf der Stör herumgezogen. Sein Werkzeug hat er in einer hölzernen Bundn mitgetragen. Gearbeitet hat er bei den Bauern in der großen Stube. Hatte er große Fässer zu machen, so arbeitete er im Freien, bei Regenwetter unterm Hausüberdach. Sehr oft hat er in Brauereien gearbeitet. In so mancher Brauerei war er gleich wochenlang beschäftigt. Mir selber ist schon als Kind nichts geschenkt worden. Mit acht Jahren hab ich schon mit der Drischel das Dreschen lernen müssen. Um drei Uhr in der Früh wurde bei uns daheim Sommer wie Winter aufgestanden. Da hab ich oft in der Früh einige Stunden mitdreschen helfen müssen im Stadel, dann bin ich erst zur Schule gegangen.

Schon mit zwölf Jahren hab ich dann hinaus müssen unter die Bauern zum Dienen. Als erstes bin ich zum Wirt nach Wetzelsberg gekommen als Hütbub. Da hab ich fürs ganze Jahr 50 Markl bekommen. Außerdem hatte ich mir beim Dingen zwei Hemden und eine Hose ausgedungen. Als Knecht durfte ich öfters einen Kammertwagen fahren. Da hab ich aber einmal ganz was schlimmes erleben müssen. Im Hof einer Braut war der Kammertwagen aufs prächtigste hergerichtet. Ich kam mit meinen sauber aufgeputzten Rossen, spannte sie an den Wagen und bald hab ich meine Rosse schneidig angetrieben. Es ging alles gut. Auf einmal wurde der Weg sehr steinig und sumpfig. Und bis ich das so richtig merkte, stürzte der schöne Kammertwagen um. Wie ich erschrocken bin, das kann ich dir gar nicht sagen. Der Schreiner, der, wie es Brauch war, neben dem Wagen hergegangen ist, hat gleich angefangen, mich entsetzlich zu schimpfen, das kannst dir denken. Die schönen, neuen Möbel waren alle angeschlagen. Das Glas und das Porzellan sind umhergelegen, alles in Scherben. Ja, da denk ich oft noch dran.

Einmal, da bin ich als junger Bursch bei Nacht zu einem Mädl aufs Kammerfenster gegangen. Ich lehn die Leiter an, und wie ich so halb oben bin, bricht ein Sprißling ab von der Leiter, und ich flieg rücklings herunter. Aber ich hab, trotz meines aufgeschlagenen Buckels die Leiter wieder sauber verräumt und bin mit meinen Schmerzen wieder heimmarschiert.

Einmal bin ich in die Holledau zum Hopfenzupfen gefahren. Kaum bin ich dort, bekomm ich von daheim ein Telegramm, ich muß sofort kommen, weil die Mutter entbunden hat. Sechs Stunden war ich zum Bahnhof gegangen und nun sechs Stunden vom Bahnhof wieder heim, das wär mir bald zuviel geworden. Als wenn die mich daheim gebraucht hätten wegen dem Entbinden!

Da fällt mir gerade noch eine seltsame Geschicht ein, die muß ich dir auch erzählen. In der Werktagsschule hatten wir einen recht bösen Schullehrer. Vor lauter Wut hat er einmal einen Buben mit dem Tatzenstecken so auf den Kopf gedroschen, daß der Bub gestorben ist. Dieser Lehrer ist dann versetzt worden. Dieser Bub hat im Friedhof einen extra schönen Grabstein bekommen. Die Leut sind viel zu diesem Grab gegangen und haben es mit Weihbrunn bespritzt.

Und noch eine Geschicht möcht ich dir erzählen. Mein Vater hat das Bier recht gern mögen. Der hat oft Räusche gehabt, daß er kaum noch gehen hat können. Da ist er nun an einem Kirtasamstag zum Wirt gegangen um ein Fassl Kirtabier. Er hat sich auch in der dortigen Wirtsstube eine Maß gekauft und ist halt wie so oft wieder sitzen geblieben. Der Wirt hat dann meinem Vater ein Fünfzig-Liter-Fassl voll Bier in seinen Rucksack gepackt. Als dann mein Vater bei der Stockfinster mit einem Saurausch und mit dem schweren Bierfaß Richtung Heimstatt ging, hat's ihn auf dem steinigen Weg so umeinander gedreht und geworfen, daß er den Rucksack samt dem Bierfaß verloren hat.

Einmal hat mein Vater auf einem Viehmarkt ein Kalbl verkauft, und auf dem Heimweg hat er eingekehrt und hat das Kalblgeld bis auf den letzten Pfennig versoffen. Die Mutter hatte daheim so hart aufs Geld gewartet.

Im großen und ganzen aber hat der Vater schon für uns Kinder gesorgt. Ja, und so ist man alt geworden.

Ein Kammerwagen aus der Gegend von Cham, um 1920

Schönstein, wo ich aufgewachsen bin, ist ein recht schönes Dörferl. Da hat es zu meiner Kinderzeit sogar ein schönes Sprücherl gegeben:

„Schönstoi, dös segt ma kam
vor lauter Apflbam,
schad, daß koa Pflaster hod,
sonst wär's a Stod.“

Der Lexenvater liegt am Sterben

(von Max Brunner)

Der alte Lexenhof ist ein wenig außerhalb des Dorfes gewesen, und der alte Lexenvater liegt in der Stube drin und ringt um sein Leben. Obwohl er schon achtzig war, so wollte er halt doch noch etliche Jahre leben. So einfach ist nämlich die Sache auch wieder nicht, einfach weggehen von der geliebten Heimat, vom Hof und von allen lieben Angehörigen. Der alte Lex, er ist gern auf der Welt gewesen, wenn er auch seiner Lebtag schwer arbeiten hat müssen, er ist deswegen allerweil lustig gewesen. Man hat ja auch recht viele schöne Stunden erleben dürfen. Man hat nun den Herrn Pfarrer geholt, und der sitzt nun neben dem alten Lex am Bett und will ihm mit guten Worten hinüberhelfen in die Ewigkeit. Der alte Lex hat auf die Worte des Pfarrers nicht im geringsten gehört, er hat ja vom Sterben überhaupt noch nichts hören wollen. Der Herr Pfarrer meinte, daß wir alle einmal sterben müssen, daß es am Himmel droben recht schön ist und daß da oben eine große Herde Engel auf ihn wartet. Aber all dieses Gerede hat den schwerkranken Lex nicht interessiert. Da sagt der Herr Pfarrer auf einmal: „Schau her Lex, nimm's doch nicht gar so hart. Unser Herrgott hat ja auch sterben müssen!“ „Ja“, hat drauf der Lex einen Brummer getan, „owa woan is a wieda.“

Die Schneelast ist eine Qual für junge Nadelbäume

Der Teufel an der Kette

von der Müller Berta, Weißholz

Das Gebet der Menschen, sagt ein altes Sprichwort, bannt den Teufel an eine dicke Eisenkette. Der Teufel feilt aber ununterbrochen an dieser Kette, um sie los zu werden.

Er kann aber die Kette solange nicht abfeilen, solange noch jemand beim Ave-Läuten den Engel des Herrn betet oder auch ein Vaterunser.

Wehe aber, wenn einmal gar niemand mehr betet, dann wird die Kette schnell abgefeilt sein, und dann ist der Teufel los.

Der Stofferlbauer

Er war ein sehr erfahrener Bauer aus Kelburg, Gemeinde Rattenberg, und zugleich ein guter Erzähler:

Ich bin Jahrgang 1898. In der Wiege hab ich noch den Hadernschnuller im Mund gehabt und bis zum fünften Lebensjahr, da bin ich noch in einer Mädchenkutte gesteckt, das ist damals auf dem Land noch so üblich gewesen. In die Schule sind wir Geschwister zu Fuß nach Rattenberg gegangen, da sind wir schon eine Dreiviertelstund getappelt. Zur Erstkommunion hat's damals nicht die geringsten Geschenke gegeben, auch daheim kein besonderes Essen. Da hat man sich auch gar nichts gedacht dabei. Die Firmung ist in Konzell gewesen. Zu der Firmung sind ich und mein Firmpate dann zu Fuß eineinhalb Stunden gegangen nach Konzell. Der weite Weg hat mir gar nichts ausgemacht, weil man für dieses Fest eine gewisse Freud in sich hat gehabt. Vor dem festlichen Gottesdienst hat mir mein Död (Firmpat) schon allerhand gekauft bei den vielen Kramerständen; einen Rosenkranz und ein recht schönes Meßbüchlein mit Goldschnitt. Nach dem Gottesdienst hab ich noch einige Lebkuchen und andere Süßigkeiten gekriegt. Zu unserem Hof haben etwas mehr als sechzig Tagwerk Grund gehört, ein Teil davon ist Wald.

Die Felder und Wiesen sind zum Teil sehr sandig und steinig. Dazwischen ziehen sich viele große Steinmauern mit Haselnußstauden bewachsen. Schinden und Sparen hat es da alle Zeit geheißen, aber das ist im Wald herinnen überall so gewesen. Man hat das sogar gerne gemacht, und man hat sich gefreut, wenn alle Jahr etliche Markl übrig geblieben sind. Auf unserem Hof haben wir gewöhnlich einen großen und einen kleinen Knecht gehabt und eine Dirn. Meine Großeltern haben noch in einem recht schönen Himmelbett geschlafen. Es ist dann noch lange Zeit auf dem Dachboden herumgestanden, bis wir es eines Tages (weil wir Platz brauchten) zu Brennholz zerhackt haben.

Unser Hof ist zu meiner Kinderzeit noch sehr altertümlich gewesen. Am Wohnhausfirst kann man heut noch das Erbauungsjahr 1792 lesen. Die Stubenhöhe war mit einfachen Bruchsteinen aufgemauert und obenauf gezimmert. Der Stadl ist zu meiner Kinderzeit noch mit Stroh gedeckt gewesen. Er war, wie man an der hohen Mittelsäule deutlich sehen hat können, im Jahr 1687 erbaut. Der Getreidekasten im Hof war 1793 gebaut worden, er trug ein Vollwalmdach und war ebenfalls mit Stroh gedeckt. Dieses Dach wurde aber schon um 1870 mit Dachziegeln eindeckt, wobei der Kastn um ein Stockwerk höher gebaut wurde. Der Rinderstall war ans Wohnhaus angebaut und hatte innen ein böhmisches Gewölbe. Bis um 1920 sind auf unserem Hof die Zugochsen noch ins Joch gespannt worden. Mit zehn Jahren hab ich die Ochsen

beim Ackern schon weisen (führen) müssen und zwar, wie es üblich war, bei den Hörnern. Zu meiner Kinderzeit ist auf unserem Hof noch viel Flachs angebaut und verarbeitet worden. Da sind dann die Weiberleut im Winter, vor allem an den Abenden, an ihren Spinnrädern gesessen und haben fleißig Flachs gesponnen. Mein Vater hat das Flachsspinnen grad so gut gekonnt wie die Weiberleut. Er ist sogar öfters zu den Bauern auf die Stör Flachsspinnen gegangen. Einmal hat er in einer Bauernstube mehrere Tage hintereinander Flachs gesponnen. Und weil man dort vor lauter Sparen im Winter bei großer Kälte nicht einmal eingeheizt hat, hat mein Vater in Fingerhandschuhen Flachs gesponnen. Daß er sich dabei schwer getan hat, kannst dir denken. Bei uns ist im Winter in der Stube auch der Webstuhl aufgestellt gewesen. Da hat man sich kaum mehr umkehren können drinn. Die Brüder meines Vaters haben fast alle das Weben gelernt. Wir haben auch für andere Leut gewebt. Von weit her haben die Weiberleut in den Spitzkirmen das Garn zum Weben gebracht. Für ein ganzes „Stückl" Leinen weben, das waren (ohne Dreingabe) 30 Ellen (rund 24 Meter) hat man damals um 1900 ganze drei Mark bekommen.
Wenn von uns Kindern eins ausgeheiratet hat, dann ist einige Monate vorher schon der Schreiner zur Stör gekommen. Er hat in unserer Stube fast alle Möbel gemacht. Gut durchgetrocknete Bretter hat früher jeder Bauer genügend in seiner Schupfe gehabt. Im Winter sind auch eine Herd anderer Handwerker zu uns auf die Stör gekommen. Der Wagner, der Binder, der Holzschuster, der Kirmzäuner, der Flickschuster, der Scherenschleifer, der Pfannflicker, der Regenschirmflicker, der Schneider und die Näherin. Der Woferl Georg von Heilmberg bei Moosbach ist ein recht guter Ofensetzer gewesen, der hat bei uns auch öfters den Ofen gerichtet. In Haderhaus bei Krieseszell ist ein Wasenmeister gewesen. Der hat auch unsere kranken und toten Kälber, Hunde und Katzen zusammengeholt mit Schubkarren oder mit Rucksack. Diesen Viechern hat er daheim den Balg ausgezogen und hat die Pelze trocken gegerbt. Aus dem Leder hat er allerhand brauchbare Dinge angefertigt für Bauern und Handwerker. Zu meiner Kinderzeit sind auch noch viel „Sonnenziegel" gebrannt worden. Diese mit der Hand gemachten Ziegel sind einige Wochen in die Sonne zum Trocknen gelegt worden. Man hat darüber ein einfaches Gerüst aufgebaut, damit sie vor Regen geschützt waren. Die Häuser, die davon gebaut wurden, haben oft schon nach wenigen Jahrzehnten angefangen abzubröseln. Ja, man hat viel erlebt in einem langen Leben. Früher ist einem die Zeit nicht so schnell vergangen wie heut, weil man viel mehr Beschäftigung gehabt hat.

Romantische Winterlandschaft beim Kreuzhaus

Der Hühnermaier Simmerl

von Max Brunner

Der Hühnermaier Simmerl von Finsterau ist schwer gichtkrank gewesen. Soviel Wedung hat er gehabt, daß es bald nimmer zum Aushalten gewesen ist. Dauernd hat er gebetet, und alle Heiligen hat er angerufen, sie sollen ihm doch helfen. Besonders aber hat er den Herrgott gebeten um Hilfe und um Erbarmen. Eine Tochter vom Simmerl, die hat ihn gepflegt. Nachdem die Tochter vom Krankenbett eine Weile weggegangen war, und ist dann wieder gekommen, hat sie ihren Vater gleich wieder gefragt, wie es ihm geht. „Narrisch viel Schmerzen hab ich", hat er gesagt. „Die ganze Zeit hab ich zum Herrgott gebetet und hab ihn gebeten, er soll mir helfen, aber gar nicht besser ist es geworden. So viel schelten und fluchen könnt ich, daß es ganz aus ist. Am End wär es sogar besser." „No, nacher fluch halt, Vater, wennst meinst, daß es nacher besser wird", hat die Tochter gemeint. „Ja mei", hat der Vater drauf gesagt, „I mou eam o do gleich wieda kema!" (dem Herrgott)."

In der Herrgottsecke weizt es

von der Schötz Resl, Kasparzell

Angedeutet hat es früher so viel, gar nicht zum Sagen. Warum man das heute so selten mehr hört, weiß ich auch nicht. Ich hab von solchen Dingen selber noch allerhand erlebt. Und was man eben selber erlebt hat, kann einem niemand abstreiten. 1924 ist es gewesen in einem Haus in Kasparzell. Da hat während der Mahlzeiten der Herrgott in der Herrgottsecke oft zu wackeln angefangen. Ich hab da jedesmal eine gewisse Angst gekriegt. Ja, es ist mir sogar vorgekommen, wie wenn das mich anginge. Bald darauf ist mir meine verstorbene Mutter im Traum erschienen und hat gesagt zu mir: „Du brauchst keine Angst zu haben, wenn es in der Herrgottsecke weihezt, denn das bin ich. Ich leide im Fegefeuer und habe deshalb keine Ruhe. Laß mir eine heilige Messe aufschreiben, und ich bin erlöst." Ich hab die heilige Messe auch gleich aufschreiben lassen, und im Herrgottswinkel ist Ruhe geworden. Ja, solche Sachen vergißt man nicht.

Totenbretter mahnen zum stillen Gedenken

Der Bergfranzverl (von Neurandsberg)

Meiner Lebtag hab ich nicht viel Gutes gehabt. 1904 bin ich auf die Welt gekommen. Neun Geschwister wären uns, wenn nicht vier im Kleinkindalter gestorben wären. Wir hatten einst nur acht Tagwerk Grund, und unser Vater ist selbständiger Schneider gewesen. Mit lauter Sparen hat der Vater nach und nach einige Tagwerk Grund dazukaufen können. Unsere Mutter ist als Stiefkind unter furchtbaren Umständen aufgewachsen, und so ist es verständlich, daß sie auch zu uns Kindern sehr streng gewesen ist. Wenn wir von der Schule heimgekommen sind, haben wir gleich fest anpacken müssen bei der Arbeit. Die Hausaufgabe vom Lehrer haben wir erst spät abends gemacht, und gar manchmal sind wir gar nicht dazu gekommen.

Wie ich 20 Jahr alt gewesen bin, bin ich zum Schmatz nach Kasparzell als Knecht gekommen. Mein Bruder, der Wolfgang, hat um 1930 herum in Kelburg hinten, oberhalb des Bachvogl mitten im Wald, einen kleinen Steinbruch angefangen. Ich hab ihm viel geholfen und hab dabei auch das Steinhauen gut gelernt. Wir machten Pflastersteine, Grenzsteine, Mauersteine und alles mögliche. Das ist damals eine große Schinderei gewesen. Die fertigen Steine haben wir alle aus dem Wald heraustragen müssen. Da mein Bruder damals sehr wenig Absatz hatte, hatte er auch wenig Geld, und ich hab halt die meiste Zeit umsonst arbeiten müssen. Etwas später hab ich dann im Steinbruch Mösch und Raab anfangen können. Da hab ich die meiste Zeit als „Bohrer“ gearbeitet. Das ist damals furchtbar in die Arme gegangen. Man hat noch den sogenannten „Stoßbohrer“ verwendet. Dieser Bohrer hatte an beiden Enden eine Schneide. Den Bohrer hat man immer wieder aufheben müssen und mit aller Kraft wieder ins Bohrloch stoßen. Bis da ein Loch mit zwei bis drei Meter Tiefe entstand, hat man schon einen ganzen Tag dahinstoßen müssen. Dazwischen wurden die Bohrer immer wieder vom Schmied geschärft. Nebenbei haben mich die eingefleischten Steinhauer oft saudumm angeredet, weil wir doch daheim einige Tagwerk Grund hätten. Sie meinten, ich hätte es doch nicht nötig, ihnen die wenige Arbeit auch noch wegzureißen. Es war eben damals vor 1933 eine sehr schlechte Zeit, es gab wenig Absatz.

Das ist mir dann zu dumm geworden, und ich hab mich als Steinmetz selbständig gemacht. In unseren Waldern hat es sehr viele Steinriegeln gegeben, und große Granitblöcke sind überall herumgelegen. Oben in der Nähe des Bergkircherls hab ich einen großen Granitfelsen gefunden. Da hab ich dann angefangen in Gottes Namen, eine große Schinderei. Immer mehr hab ich von diesem Riesen abgekloben (abgespalten) bis ein tiefer Trichter entstanden ist. Während des Sommers hab ich einen Riesenhaufen Großpflaster dort gemacht, das ich dann im Winter bei Schnee mit einem Zugschlitten zum weit entfernten Fahrweg herausziehen hab müssen. Alles mühevolle Handarbeit. Da hat man am Abend gewußt, was man getan hat, mein Lieber! Die Bauern haben diese Steine dann mit Roß- und Ochsenfuhrwerken abgeholt. So hab ich dann jahrelang auch noch andere Steinriegeln abgesucht, wo Granit vorhanden war. Groß- und Kleinpflaster hab ich bis Lam hinter verkauft. Das Steinhauerwerkzeug, das hab ich mir mit der Zeit auch selber scharf gemacht auf einer Feldschmiede. Mein Vater hat mir das Schmieden ein wenig beigebracht. Ja, da hat man sich um viel annehmen müssen, daß es ein Gut getan hat. Als Steinhauer hat man überhaupt wenig verdient, weil es so viel gegeben hat. 1933 hab ich geheiratet und hab mir ein kleines Häusl gebaut. An diesem Haus hab ich ganze Nächte durchgearbeitet, weil man für die Handwerker kein Geld gehabt hat. Heiratgut hat mir meine Mutter keins geben können. Wenigstens hat meine Braut ein bisserl was mitgebracht. Das Bauholz für das Haus hab ich mir, wie es früher Brauch war, bei den Bauern kleinweis zusammengebettelt. Ja, ja, wenn man da so zurückdenkt!

Heut, wo ich ein bisserl mehr Geld hätt, bin ich nimmer gesund. Seit mehreren Jahren steig ich jeden Tag dreimal hinauf den steilen Weg zum Bergkircherl und tu den Engel des Herrn einläuten, weil kein Mesner mehr da ist. Aber auch das kann ich bald nimmer machen, weil mir die Füß nimmer her halten. Wenn man sich auch schinden hat müssen ehers, aber schön ist's auch gewesen!

Ein seltener Jäger

aus einem alten Heft

Der Lenznbauer hat eine Jagd gepachtet, weil er halt so gern Jäger sein will. Nach seiner Meinung ist er ein ganz ausgezeichneter Jäger, der mit der Flinte jeden Bock niederknallt. Eines Abends kommt der Lenznbauer ins Herrschaftsschloß zu Besuch. Da gerade die Herrschaft nicht zu Hause ist, zeigt ihm ein Diener das Jagdzimmer des Schloßherrn. Dort hängen die Jagdtrophäen desselben an den Wänden. Jedes Geweih ist auf einem schönen Schild befestigt, und am Ende eines jeden Geweihs steht deutlich Tag und Stunde, wann der Bock gestreckt wurde. „Dös gfallt ma", meint der Lenz, „dös muaß i aa macha, do siegt ma aa glei, wann s'Wild gschossn worn ist." Nach langer Zeit trifft der Schloßjäger den Lenz, der gerade ganz verdrossen von der Jagd heimgeht. „No, was machst denn füa a Gsicht, Lenznbauer?", fragt der Jäger. „Is äbba nöt guad ganga heit?" „Omei", jammert der Lenz, „es is halt a Kreuz, man soll halt nix nachmacha. Seit i dö Jagdschilder vom Schloßherrn gsegn hab, kriag i koan Bock mehr. Bis i allamoi auf d'Uhr schau, is da Bock wie-

Romantische Landschaft bei Bayerisch Eisenstein, im Hintergrund der Arber

der weg! Ich möcht grad wissen, wia dös da Schloßherr macht." „Recht hast, Lenz", sagt der Jäger und lacht laut auf, „man soll halt nix nachmacha. Woaßt, mei Herr schaut halt nach'm Schuß erst auf d'Uhr."

Bei den Totenbrettern

von der Schötz Resl, Kasparzell

Auf dem Kirchweg zwischen Kasparzell und Konzell ist zu meiner Kinderzeit, vor dem Ersten Weltkrieg, eine recht große Totenbrettergruppe gestanden. So etwa 100 Totenbretter sind das schon gewesen. Jahrelang ist es bei Nacht bei diesen Brettern umgegangen, aber auch jede Nacht. Man hat dort nicht nur Lichtlein, sondern auch Menschengestalten wandeln sehen. Es sind das sicher arme Seelen gewesen, die auf ein Gebet und somit auf Erlösung gewartet haben. Es hat sich aber niemand um sie angenommen, denn sie sind dort umgegangen, bis das letzte Totenbrett verfault gewesen ist. Heute weiß bald nie-

Totenbretter, wie sie besonders im Bayerwald typisch sind.

mand mehr etwas von dieser großen Totenbretterreihe und was dort alles vorgekommen ist. Auch will niemand mehr an Geister glauben. Ich glaub daran, weil ich selber noch genug davon erlebt und gehört hab.

Die Zollner Berta

Sie hat ihr ganzes langes Leben als „Häuslweib" verbringen müssen:
In Klingldorf bei St. Englmar bin ich geboren. 13 Geschwister sind uns daheim gewesen. Daß da nichts Übrig's im Haus war, das kannst dir denken. Ich bin drei Jahr alt gewesen, wie sich mein Vater ein „Örtl" (kleines Anwesen) hat kaufen können, wo wir sogar zwei Kühe hatten. Wie ich das dritte Jahr in die Volksschule gegangen bin, da hab ich schon fort müssen von daheim zu einem Bauern. Damals, um den Ersten Weltkrieg, ist eine recht arme Zeit gewesen. Mein Vater ist leider ein richtiger Pantoffel gewesen und hat daheim nichts zu sagen gehabt. Dafür ist die Mutter mehr als bös gewesen. Mein erster Dienstplatz (mit neun Jahren) war beim Schweifbauern in Klinglbach. Ich mußte Hütermädl und auch Hausmädl machen. Vormittags hab ich natür-

lich zur Schule gehen müssen. Als Jahreslohn hab ich außer dem Essen und ein wenig Kleidung zu Lichtmessen auch ein paar Markl Geld bekommen. In der sechsten Volksschulklasse, also mit 12 Jahren, versetzte man mich als Kindsmädl zu einem Bauern nach St. Englmar. Da hab ich auf fünf kleine Kinder aufpassen und auch im Haushalt mitarbeiten müssen. Das ist während des Ersten Weltkrieges gewesen. Damals ist einem sogar das Essen auf dem Tisch hingezählt worden. An den Werktagen zum Beispiel hab ich zur sauren Suppe morgens nur eine Schnitte Schwarzbrot gekriegt und an den Sonntagen mittags (als hungriges Mädl) nur einen halben Knödl. Von Englmar aus bin ich dann nach Haag gekommen, das war schon nach dem Ersten Weltkrieg. Arbeit hat es auf diesem Hof mehr als genug gegeben, dafür war aber auch das Essen mehr und besser. Da hab ich mit meinen 13 Jahren als Mädl schon draußen mit den Dienstboten mitarbeiten müssen. Im Sommer wurde spätestens um drei Uhr aufgestanden. Im Herbst hab ich alle Tag um vier Uhr Nachmittag alle Viecher auf die Wiese treiben müssen zum Hüten. Da ist ein stoßender Bummerl dabei gewesen, der hat sogar den eigenen Bauern öfters über den Haufen gerannt. Mir hat die Bäuerin zum Hüten alle Tag einen Keil Brot mitgegeben, daß ich was zum Beißen hab, hat sie gesagt. Das hab ich aber bröckerlweis diesem bösen Bummerl (Ochsen) gegeben, und er hat mir nie etwas zu Leide getan. Einmal ist mir dieser Bummerl in des Nachbars Wiese gerannt zum Fressen. Da ist aber der Nachbar gleich ganz wild daher gekommen und hat geschimpft! Er wollte diesen stoßenden Bummerl mit einem Stecken aus seiner Wiese treiben. Aber das sollst gesehen haben. Der Bummerl hat den Schädel eingesteckt und ist auf den Bauern losgerannt wie wild. Ich sag's dir, meiner Lebtag hatte ich noch niemanden so rennen sehen wie damals diesen schimpfenden Bauern.

Von Haag bin ich dann zu einem Bauern nach Loidersdorf gekommen. Später zum Bugl Jackl nach Nöbling als kleine Dirn, da hab ich dann zu Lichtmeß schon 100 Mark bekommen. Vom Bugl Jackl aus bin ich zum Ollerbauern nach Birka umgezogen. Da war ich fünf Jahre als Dirn. Das war 1923. 200 Mark hab ich da das Jahr neben dem Essen gekriegt. Aber bei der Inflation ist mir das Ersparte wieder alles hingewesen. Dann bin ich nach Stegberg als Dirn gekommen, da hab ich nach der Inflation das Jahr 250 Mark gekriegt. Das ist damals schon ein Geldl gewesen, denn die Zeit war damals miserabel. Schinden aber hat man sich auf diesem Hof elendig müssen. Im Sommer wurde alle Tag um zwei Uhr aufgestanden. Zuerst ging's in den Stall zum Füttern, nachher im Sommer auf die Wiese zum Mähen. Ich bin eine recht gute Mäherin gewesen und hab mit jedem Knecht mitgemäht. Jeden Pfennig, den ich mir die vielen Dienstbotenjahre verdient hab, habe ich restlos meiner Mutter abliefern müssen. Meine Mutter hat mich auch gar nicht leiden können. Wie ich dann mein hart verdientes Geld der Mutter nimmer abgeben hab wollen, da ist sie schnurrgrad zu meinem Bauern gegangen und hat zu Lichtmeß meinen Jahreslohn abgeholt, und ich hab mir nicht einmal ein Kleidl kaufen können. Wie ich dann das Heiraten im Sinn hatte, da hab ich meinem Bauern aufgetragen, er darf meiner Mutter meinen Lohn nimmer auszahlen. Bevor ich geheiratet hab, hab ich mir beim Bauern neben dem Geld einen Zentner Korn ausgenommen. Meine Mutter hat das zufällig in die Ohren bekommen, und zu Lichtmeß wollte sie tatsächlich das Korn für sich abholen. Mein Bauer hat ihr's aber nicht gegeben. Ich hab mir doch das Korn hart verdient und hab mich gefreut, daß ich gleich einen Anfang hab im neuen Ehestand. Heiratsgut hab ich sowieso keinen Pfennig bekommen.

Bei den Bauern hat es früher recht viel herkömmliche Bräuche gegeben. Da haben wir als Dirnen zum Beispiel in der Karwoche an einem Tag die Eier für uns abnehmen dürfen, jeden Tage eine andere Dirn. Wenn manche Bäuerin viel Hühner hatte, hat man schon so 50 Eier erwischen können. Jede Dirn hat sich aber höchstens zehn Eier gefärbt, die anderen hat man der Eierhändlerin verkauft, das waren ja auch wieder ein paar Markl. Die Knechte aber haben nach Brauch die gefärbten Eier von der Bäuerin bekommen, meist am Karsamstag-Abend. Je nach Rang haben sie 20 bis 50 Eier gekriegt.

Als Kleinkinder haben wir zu Weihnachten vom Christkind rein gar nichts bekommen. Am Christbaum sind einige Gutln drangehängt. Wenn dann der Christbaum abgeplündert wurde, durften wir Kinder diese paar Gutln teilen. Wie ich dann bei den Bauern gedient hab, da hat meist die Bäuerin am Heiligen Abend eine Schüssel voll Äpfel und Nüsse auf den großen Stubentisch gestellt, und da durften wir Dienstboten davon nehmen. Am Lichtmeßtag hat's bei den Bauern zu Mittag gesottenes Geselchtes gegeben, das war so Brauch. Hatte man für Lichtmeß gekündigt, und es war dem Bauern nicht recht, so ist man beim Weggehen gar manchmal nimmer angeredet worden. Umgezogen ist man meist erst am Blasltag (3.2). Bei so manchen groben Bauern hat man da nicht einmal mehr eine Morgensuppe bekommen. Acht Tage hat in unserer Gegend die Kälberweil gedauert (Jahresurlaub). Aber trotzdem hat man jede Mahlzeit beim Füttern da sein müssen. Da hat's also mit der Freizeit nicht viel geheißen. Wenn man vom Bauern recht weit entfernt war, ist man jede Mahlzeit meist vom Bauern mit einem Gäuwagerl abgeholt worden wegen dem Füttern. Kochen hat eine große Bäuerin schon viel müssen für fünf und mehr Ehehaltn (Dienstboten), für die Häuslleut und einige Kinder, sehr viel Kartoffelspeis hat's gegeben und dazu Sauerkraut und gestöckelte Milch. Die Häuslleut sind oft nur für den Sommer gedingt worden, von Georgi (24.4) bis zum Spätherbst. Und daß diese armen Häuslleut im Winter auch was zum Essen hatten, hat der Häuslmann für die Leut der Umgebung Holzschuh gemacht, Besen gebunden und Körbe und Kirmen geflochten.

Hart ist die Zeit gewesen, aber viel lustiger und wertvoller wie heutzutag. Die Wiesen sind alle voller Blumen gewesen. Wenn an den Abenden in den Hof- und Dorfweihern die Frösche gequakt und auf trockenen Wiesen und Hängen die Grillen sich lustig gemacht haben, dann hat man gewußt, daß es am nächsten Tag schön wird.

Das viel zu teuere Gebiß

von Pfarrer Holzgartner

Ein Direktor hat sich einmal beim Zahnarzt beschwert, daß das neue Gebiß seiner Frau viel zu teuer ist. Der Zahndoktor hat den Direktor aber gleich gut aufgeklärt: „Glauben Sie mir, Herr Direktor, sie werden sich bald überzeugen, wie wertvoll dieses Gebiß ist. Am Anfang wird zwar Ihre werte Frau durch einige Wochen nicht sprechen können, dafür aber hernach viel besser." Blitzschnell unterbrach der Direktor den Zahnarzt und meinte: „Ach, Herr Doktor, wenn das so ist, so finde ich das Gebiß gar nicht mehr zu teuer! Ich werde sogar alle paar Wochen bei Ihnen ein neues für meine Frau bestellen!""

Katzen sonnen sich vor dem Hühnerstall

Gewitterwolken über dem Berggipfel

Das Kind unter den Brettern

von Ellmann Zenz

Die Geschicht, die ich dir jetzt erzähl, die stammt von meiner Mutter, und die hat Hunderte solcher Geschichten erzählen können. Da hat in der Nähe von Rattenberg einmal ein untreuer Bauer gelebt. Eines Tages hat eine seiner Dirnen ein Kind von ihm gekriegt. Und damit ja niemand davon erfahren soll, haben beide in der Dirnkammer den Fußbretterboden aufgerissen und darunter das Kind versteckt. Dieser Dirn aber hat das Gewissen keine Ruhe mehr gelassen, und sie ist fort von diesem Hof. Bald aber hat in diesem Kammerl eine andere Dirn geschlafen. Aber schon die erste Nacht ist um die zwölfte Stund eine schneeweiße Frau erschienen und ist an einer gewissen Stelle lange Zeit hin und her gegangen. Als diese Frau die nächsten Nächte wieder erschienen ist, hat die neue Dirn auch das tote Kind gefunden. Die Tat des Bauern ist dann aufgekommen. Das Kind ist zum Friedhof gebracht worden und im Haus hat es aufgehört zu geistern.

Der Zimmermoasta-Martin-Hans

Kaum hat man als Kind die ersten Worte sprechen können, hat einem die Mutter auch das Beten gleich gelernt. Wie wir Kinder noch die ersten Jahre zur Volksschule gegangen sind, und es hatte an den Sonntagen ein recht schlechtes Wetter, so daß wir nicht zur Kirche gehen konnten, dann hat uns die Mutter daheim einen Rosenkranz vorgebetet, und wir mußten laut nachbeten. Im Sommer haben wir Kinder jeden Tag vor der Schule zur Schulmesse gehen müssen. Viele Kinder haben zu meiner Zeit in der Schule nachsitzen müssen, weil sie nicht lernen haben mögen. Aber da sind die Eltern gleich zum Lehrer gerannt und haben gesagt: „Wir brauchen die Kinder daheim zum Arbeiten!" Ja, und dann hat halt der Lehrer die Kinder wieder laufen lassen. Die Lehrer sind eigentlich in solchen Sachen vernünftiger gewesen wie die Lehrerinnen. In der Schule haben wir damals vor 1900 viel Heimatkunde-Unterricht gehabt. Alle Stimmen der Waldvögerl hat uns Kindern der Lehrer vorgepfiffen. Auch alle Blumennamen haben wir gelernt. Ja, das ist wenigstens etwas natürliches gewesen, und wir Kinder haben dabei gern mitgemacht.

Der Pfarrer hat uns bei der Christenlehr alle Feiertag des Jahres beigebracht und auch, was sie für eine Bedeutung haben. Die Pfarrer sind damals streng gewesen und haben frechen Kindern gleich Tatzen gegeben. Ich hab ganz selten, weder vom Lehrer, noch vom Pfarrer, Tatzen gekriegt, weil ich immer fleißig mitgelernt hab, obwohl ich daheim an den Nachmittagen auch fest mitanpacken hab müssen. Spielzeug haben wir als Kinder noch wenig bekommen, aber einen Haufen Schusser. Da haben wir uns draußen im Hof eine ebene Stelle gesucht. Dort haben wir ein Loch gescharrt und die Schusser hineingeschubst. Das ist recht lustig gewesen.

Mit acht, neun Jahren, da hab ich schon das Arbeiten lernen müssen. Bei Zeiten hab ich schon hinaus müssen unter die Bauern. Bei den Bauern ist so alle sechs bis acht Wochen (es ist verschieden gewesen) in die Mühle gefahren worden, und gebacken hat man beim Hof eben auch so alle sechs bis acht Wochen. Drei Backtröge sind da bei großen Bauern in der Stube mit Mehl gefüllt worden und der Sauerteig angerichtet. Zwei Tröge mit schwarzem Roggenmehl und einer mit halb Roggen und halb weißem Mehl oder nur mit schwärzerem (zweite Sorte) Weizenmehl. Für die Ehehaltn hat es gewöhnlich nur sonntags weißes Brot gegeben. Daraus machte die Bäuerin für Sonntag auch die Knödel. Der Bauer aber hat schon auch während der Woche Weißbrot gegessen. Mein Gott, was hat da frühers so manch große Bäuerin Arbeit gehabt nur beim Kochen. Was da zu Mittag oft für eine Herd Leut um den Tisch gesessen sind! Oft haben sie um den großen Tisch gar nicht alle

Platz gehabt, die Ehehaltn, Taglöhner und eine Herd Kinder. Da ist dann in der Fletz (Flur) draußen extra noch ein Tisch aufgestellt worden.

Der Bauer und die Bäuerin, soweit sie Großbauern gewesen sind, haben sowieso an einem Extratischerl hinten in der Nähe des Ofens gesessen. Im Winter sind wir Knechte viel ins Holz gegangen zu Waldarbeiten. Die Holzbloche haben wir meist gleich vom Wald weg zu den Sägewerken gebracht mit schweren Schlittenböcken. Die Äste haben wir heim zum Hof gefahren und zu großen Haufen zusammengeworfen. Die Dirnen haben da Arbeit genug gehabt mit Reisighauen. Die kurzen Spitzen (so 20 cm lang) wurden extra weggehackt und wurden als Einstreu im Stall verwendet. Wenn's im Winter ein recht stürmisches Wetter hatte, haben die Dirnen im warmen Stall Strohbänder für die Ernte binden dürfen. Gewöhnlich aber wurden die Strohbänder erst kurz vor oder während der Ernte gebunden. Zu den Bauern sind im Winter Holzhändler gekommen und haben ihnen allerhand Bäume abgekauft: Eichen, Ahorne, Buchen, Ulmen und auch Weichholz. Die Roßknechte haben diese Baumstämme dann zur Säge bringen müssen, das haben sich die Holzhändler so ausgenommen. Die Bauern selber haben sich auch fast alle Jahr Bretter schneiden lassen, damit sie immer trockenen Vorrat im Schupfen hatten. All die schweren Schlittenfuhrwerke sind mit Ochsen oder Rossen gezogen worden. Wenn im Winter bei viel Schnee trockenes Wetter war, haben wir Knechte auch einen Teil des Misthaufens mit Schlitten auf die Felder gebracht. Im Auswärts wurden dann damit die Erdäpfelfelder gedüngt. Ja, die Ehehaltn, die haben halt den ganzen Winter Arbeit gebraucht. An Pauli Bekehrung (25.1.), da ist auf dem ganzen Hof nachgeschaut worden, ob wohl alles ausreichen wird, das Heu, das Stroh und das Getreid.

Dann hat halt alles richtig eingeteilt werden müssen. Den ganzen Sommer über wurde zusätzlich Gsot (Hexel) geschnitten, denn die Zugochsen haben nur wenig Gras bekommen, das wäre für die schwere Sommerarbeit zu wenig nahrhaft gewesen. Die alten, schon ausgedienten Zugochsen sind fettgefüttert worden für den Metzger. Man hat ihnen monatelang gutes Gsot aus gedörrtem Klee gegeben mit wenig Stroh, auch gekochte Erdäpfel mit Kleie haben sie bekommen. Auch Hafer- und Weizenbruch.

Im Auswärts Januar-Februar sind die Obstbäume beschnitten worden, das war nach altem Brauch dem Häuselmann seine Arbeit. Die Häuselleut haben auch alle Jahr im Frühling die Haage auf den Steinmauern abarbeiten dürfen, das war mit dem Lohn vereinbart. Auch die Handwerker haben sich solche Haage ausgedingt.

Im Auswärts mußte auf den Wiesen der Mist klein zerrecht werden. Dazu hat man bei größeren Bauern einfach eine Holzstange quer hinter den Zugscheiteln angebunden, und an diese Stange band man einen Bündel kräftige Fichtenäste. Durch das Umherziehen von den Ochsen wurde der Mist klein gewuzelt. Hinterdrein zerrechte eine Dirn noch mit einem Holzrechen die gebliebenen Batzen.

Zu meiner Ehehaltnzeit vor dem Ersten Weltkrieg haben die Bauern noch viel brach liegen lassen. Weil dabei der Boden (die Felder) recht hart geworden ist, hat man das Feld vor dem Wiederanbau dreimal ackern müssen. Als erstes hat man dann immer Winterkorn angebaut auf die Brachfelder. Wenn ein Feld brach gelegen ist, so hat man im Sommer die Kühe drauf gehütet. Die Ochsen, die Kalmen und das Galtvieh hat man zu meiner Kinderzeit noch in die Waldblösen getrieben zum Hüten.

Nach dem Ersten Weltkrieg wurde noch immer viel Flachs angebaut. Die Flachsfelder hat man besonders gut und sauber herrichten müssen vor dem Anbau. Mehrere Male mußte man sie durcheggen, damit ja alles Gras vernichtet war. Den Leinsamen hat man gern sehr dicht gebaut, dann ist er nämlich viel feinstieliger gewachsen.

Viehmärkte hat es in allen Richtungen gegeben. Die Bauern und Händler haben da ihre Rinder von weither getrieben. Oft waren sie gleich einen ganzen Tag unterwegs. Bei Kollnburg, wo ich aufgewachsen bin, da ist zu meiner Kinderzeit (um 1890) noch Brein (Hirse) gebaut worden. Er wurde etwas kürzer als der Hafer. Man durfte ihn nicht ganz reif werden lassen, weil er sonst recht ausgefallen ist. Mit der Sense wurde er recht roglig (vorsichtig) gemäht. Man band ihn nicht zu Garben, sondern lud ihn lose gleich auf den Wagen und fuhr ihn heim. Das Wetter mußte dazu freilich schön sein. Daheim haben wir ihn gleich ausgedroschen mit der Drischel oder mit dem Hakenzylinder. Dann wurde er vorerst auf den Dachboden gebracht und in Ruhe gelassen. Er mußte öfters umgeschaufelt werden, damit er nicht schimmlig werden konnte. Zum Kochen hat man dann immer wieder einen Teil im Breinstampf (Mörser) gestampft, damit sich die harte Schale löste. Samt der Schale wäre er ungenießbar. Auf so manchem Getreidekastn der Bauern ist es etwas schlampig hergegangen. Man hat die Getreidehaufen nicht umgeschaufelt, hat sie manchmal jahrelang auf einem Haufen liegenlassen, und so ist der Kornwurm drangekommen. Wenn sich der einmal eingenistet hat, dann bringt man ihn so schnell nimmer los. Im Winter haben sich diese schwarzen, ameisengroßen Viecherl in die Ritzen des Fußbodens verkrochen, und im Frühjahr kamen sie haufenweis wieder ins Getreide. Auch an feuchtes Getreide macht sich dieser gefährliche Wurm gern dran. Wenn dieser Kornkäfer einmal im Getreide ist, so kann man es höchstens noch den Viechern verfüttern. Im Hafer läßt sich der Kornwurm nur selten sehen.

Im Sommer 1911, das hab ich mir gut gemerkt, da ist es so heiß gewesen, daß wir auf den Feldern und Wiesen bald alle verbrannt wären. Und das Jahr darauf (1912) hat es den ganzen Sommer geregnet. Bis zum Ersten Weltkrieg haben die Wagner zum Teil noch holzgeachste Wägen gemacht. Die sind recht

leicht umgefallen, weil die Räder so gerade gestanden sind. Ich denk auch noch, wie einige Bauern ihre Bummerl (Stiere) selber gedengelt haben, obwohl es Stierschneider auch gegeben hat. Das ist für die jungen Stiere eine große Qual gewesen. Man hat den Stier ganz kurz angebunden und die Haxen geknebelt. Dann sind ihnen die Hoden zerschlagen worden, und die Stiere, versteht sich, haben gebrüllt vor Schmerzen.
Als Knecht hat man früher unsagbar viel lernen müssen, das kann sich heut niemand mehr vorstellen. Früher hat man auf dem Kleefeld alle Jahr ein wenig Samenklee stehen gelassen bis er richtig ausgereift war. Dieser Samenklee wurde auf der Stadeltenne gedroschen, wenn's recht närrisch gefroren hat, denn da ist er am leichtesten ausgefallen.
Recht seltene Sachen sind ehers auch vorgekommen. Um 1900 ist's gewesen, das weiß ich noch gut, da hat ein Roßknecht Holzblöcher gefahren, und weil damals die Wege recht eisig gewesen sind, ist er ins Rutschen gekommen, ist unter's Rad gefallen, und es hat ihm Händ und Füß ausgerissen. Auf der Stell ist er tot gewesen. Das war an einem Montag, und am Tag vorher hat im Hof am späten Abend eine Eule fürchterlich geschrien. Mein Vater hat sie selber gehört. Auch eine gutangerichtete Brennholzschar ist am selben Abend eingefallen.
Zwei Brüder von mir sind Zimmerer gewesen. Da haben sie einmal einen Stadel aufgestellt, dabei ist einer der Brüder vom Dach heruntergefallen und ist maustot gewesen. Genau drei Wochen vorher ist dieser Bruder auf einer Leich gewesen, und da hat im Friedhof eine Eule direkt auf meinen Bruder jämmerlich herabgeschrien. Mein Bruder hat immer wieder auf den Baum geschaut, und er hat's genau gemerkt, daß dieses Klagen ihn angeht. Ja, solche Sachen hat's viele gegeben, nur wollen's die Leut heut nimmer glauben.
Wenn auch die Arbeit viel gewesen ist ehers, aber schön ist es gewesen, viel schöner als heut. Ganze Schwärme Lerchen haben in der Früh in der Luft gesungen. Viel Wild hat's gegeben, und die Bacherl sind sauber und voller Forellen gewesen.

Der Marder

von einem alten Jäger

Da sand amal vier Jäger gwesen, da Jackl, da Girgl, da Wastl und da Hans. Sie ham sö allerweil guad verstandn und sand oft mitananda auf d'Jagd und zum Fischn ganga. Da hams amal mitanand ausgmacht, daß am Nachmittag zum Wirt auf'n Berg nauf gengan auf a Maß Bier und zu a gmüatlichn Unterhaltung. Oa Jagdhund hod a mitlaufa dürfa, und zwar an Girgl sei ganz guada Hennerhund. Wia's naha alle vier an am Fischweiher vorbeigenga, riacht da Hennahund ganz aufgregt in a Loch einö, und scho bloßts aussa aus dem Loch und pfaucht wiara Marda. Do sand dö vier Jager glei ganz stutzig worn. „Habts ös gehört", hod da Jackl gschrian, „wettn trau a ma, daß do a Marda drinn ist". „Na", sagt da Girgl, „an Pfeiffa nach is dös a Iltis." „Aa woh", sagt der Wastl, „dös is scho eher a Marder, dea muaß außa, füa den kriagn ma fuchzöa Markl, wenn man guad do außa bringa. Und dö fuchzea Markl, dö wernd beim Wirt drom vosuffa! Wia stelln mas'n blos o, mia ham ja nöt a moi a Gwehr dabei." An Jackl hams glei zum Wirt naufgschickt, ea soll a Haua z'leiha nehma, zum Außahaua und a Hacka zum Daschlagn. „Und mia drei hoaz ma dem Marder derweil a bissl ei und selch man a wengl ei, naha kria man scho." Glei hams a Wiesnstreu zusammatragn und ham um dös Marderloch umö a kloans Feuer gmacht. Wia naha da Jackl mit'm Werkzeug kema is, hams glei s'Grabm ogfanga. Gschwitzt hams, daß ea s'Wasser hint und vorn owa glaffa is. A jeda hod gschriean vor Aufregung: „Paßt's fei auf, wenn a außa tuad vom Loch, schlagts na glei üwadüwa, daß a uns ja nöt auskimmt." Wias naha dem Erlenstock ganz ausgrabm ghabt ham, nebn dem dös Mardaloch owö gana is, do springt a Vieh außa, und da Girgl hod dös flinkö Vieh grod no beim Gnack dawischt. Ganz grau hat's ausgschaut dös Viecherl, scheinbar von dem vieln Rauch vom Feuer. Da Hennahund is aa ganz wild worn und wollt auf den graua Marder schnappn. Owa da Girgl hod eam Gurgl scho zuaghaltn bis a sö nimmer grührt hod. So, jetzt hamd a sö alle vier a wengl beruhigt und ham dös Viecherl untersuacht. Ausgschaut hat der Marder wia a großer Ratz und wiasn naha alle vier richtö untersuacht ham, hams ös festgstellt, daß aa wirklö a Ratz is. Oana hod n'andan schurrgrad ins Gsicht gschaut ohne oa Wort zum sagn. Nöt a moi s'Lacha is ea auskema. Naha sands auffö ganga zum Wirt.

Der Hund

aus einem alten Kalender

In einer Landgemeinde war die Hundetollwut ausgebrochen. Der Gemeinderat war sofort zur Verhängung der Hundesperre entschlossen. Man fand das für höchst notwendig, auch wenn die Hundebesitzer gar nicht einverstanden waren. Die nötigen Plakate wurden überall da angebracht, wo sie gut gesehen und gelesen werden konnten. Sie wurden auch so geschrieben, daß sie jedem verständlich sind. Als man den Text für die Hundesperre zusammengesetzt hatte, las ihn der Bürgermeister dem Gemeinderat laut vor. Wuchtig und laut begann er: „Wer einen Hund hat und läßt ihn frei herumlaufen, der wird erschossen." Erleichtert atmeten alle Gemeinderäte auf und meinten: „Ja, ja, es geht halt nichts über unseren Bürgermeister." Nur einer, der als Meckerer in der Gemeinde bekannt war, wußte etwas einzuwenden: „Als dann, ich möchte nur betonen, daß man das auch so auffassen kann, daß dem Hund sein Herr erschossen wird!" Vernichtend sanken die Gemeinderäte wieder in sich zusammen: „Ja, freilich, da hat er recht, der Oberhuber Isidor, das könnt man auch so auffassen." Und wieder begann ein brütendes Nachdenken für einen besseren Text. Aber der Herr Bürgermeister war halt ein Mann, der hatte seine Fassung bald zurückgewonnen. Sein verbesserter Entwurf der Kundmachung war so klar und bestimmt, daß auch der Oberhuber Isidor zugeben mußte, jetzt sei jedes Mißverständnis ausgeschlossen. Und das Gemeindeoberhaupt las stramm und laut vor: „Wer einen Hund hat und läßt ihn frei herumlaufen, wird erschossen, der Hund!

Das nicht eingehaltene Gelöbnis

von Peter Dietl

Wenn jemand ein Gelübde macht und es nicht einhält, dann muß er es büßen. Zum Bergkircherl in Neurandsberg bei Rattenberg hat einmal ein Mann ein Gelübde versprochen. Hernach hat's ihn gereut, und er hat es nicht eingehalten. Von dem Tag an aber hat es in seinem Haus alle Mitternacht fürchterlich geweizt. Seine Leut (die Familienangehörigen) haben gar nimmer im Haus bleiben wollen. Da ist nun der, welcher das Gelübde gemacht hatte, einmal aufgeblieben, um die Geister abzulauern. Wie dann um Mitternacht eine ganze Herd grausamer Gestalten angekommen sind, da sind ihm die Haar zu Berg gestanden, und er ist vor Angst davongerannt. Auch hat er bald darauf sein gemachtes Gelübde vollzogen.

Der Hochaltar des liebevoll ausgestatteten Bergkirchleins Neurandsberg

Die Gallnerglocke

aus dem Sagenbuch des Landkreises Bogen

Auf dem Gallnerberg steht ein Kirchlein. Im Turm dieses kleinen Kirchleins hängt eine alte Glocke. Die soll früher die Kraft besessen haben, drohende Gewitter zu bannen und in weite Ferne zu treiben. Deshalb kamen einst die Böhmen wutentbrannt und schlugen einen Eggenzahn in die Glocke, damit sie verstumme. Zuletzt sollen sie diese Glocke in einen tiefen Brunnen geworfen haben, wo sie später wieder gefunden wurde.

Der Heigl von Krieseszell

Bei unserm Hof sind 150 Tagwerk Grund dabei, ein Teil davon ist Wald. Die meiste Zeit haben wir da zwei Knechte, zwei Dirnen und einen Hüterbuben gehabt. Die Dirnen haben auf dem Fletzboden oben geschlafen (über dem Hausflur). Die Knechte auf dem Stallboden überm Stall. Als Zugvieh hatten wir im Stall zwei Rosse und vier Zugochsen stehen. Eine Herd Schafe haben

Schöne Kapelle bei Steinbühl

wir auch gehabt und alle Jahr eine Herd' Gänse. Die Federn von den Gänsen haben die Mädchen mitbekommen, wenn sie ausgeheiratet haben. Im Winter sind wir viel im Wald arbeiten gewesen. Die schönen Blöcher haben wir alle ins Sägewerk Stockmühl gebracht und haben sie schneiden lassen zu Brettern. Die Bretter hat mein Vater an Holzhändler verkauft, da ist mehr rausgesprungen als beim Blöcherverkauf.

Als Bub hab ich noch Lichtspäne drehen helfen. Beim Rinkl in Hinterfelling haben sie im Stadl noch eine Spangeiß stehen gehabt, die haben wir im Frühjahr zu leihen genommen und haben sie zum Spänedrehen bei uns in der Stube aufgestellt. Da man zum Drehen viel Kraft anwenden hat müssen, haben wir die Spangeiß an der Stubendecke fest verbelzt (verkeilt), damit sie nicht wackeln hat können beim Drehen. Zu fünft haben wir immer gedreht, weil's eine große Spangeiß gewesen ist. Zwei Schwungräder sind dran gewesen und an jedem eine Werfel. An diesen Werfel haben je zwei Mann gedreht. Ein fünfter Mann hatte eine eineinhalb Meter lange Stange in der Hand, die vorne eine Öse (wie eine Drischel) angebaut hatte. Diese Öse steckte man an eine Werfel, und so konnte der fünfte Mann den andern das Drehen ein wenig erleichtern. Weil's dieser fünfte Mann aber leichter hatte als die andern, so haben sie ihn einfach den „Faulenzer" genannt. Wir haben außer Flachs auch noch Hanf angebaut und verarbeitet. In der Heu- und Erntezeit wurde bei uns schon um zwei Uhr aufgestanden. Der große Knecht hat jeden Tag durch einen Schrei (afstöh!) die Ehehaltn geweckt. Korn haben wir noch viel mit der Sichel geschnitten, meist zu acht. Ja, ja, auf einem Hof, da hat's schon anpacken geheißen!

Eine lustige Ostergeschichte

Ich bin 35 Jahre als Postbote in vielen Gegenden des Bayerischen Waldes umhergekommen. In der Nachkriegszeit, also in den fünfziger Jahren, da sind die Leut lebensfroh, fröhlich, gemütlich, entgegenkommend, hilfsbereit, ruheliebend und zufrieden gewesen. Wurde zum Beispiel auf einem Hof geschlachtet, so gab's trotz ärmerer Zeit selbstgemachte Würstl für den Postboten oder auch ein Bröckerl Fleisch. Zu den schönen Bräuchen gehörte einst auch das Verschenken von Ostereiern an die Postboten, Rauchfangkehrer und Gemeindediener, auch an arme Leut.

Wenn die Red um die Ostereier geht, fällt mir immer eine lustige Geschichte ein, die ich in den fünfziger Jahren erlebt hab'. In der Karwoche ist es gewesen. Ich hatte in Lederdorn bei Chamerau Dienst als Urlaubsvertreter. Die Lederdorner Gegend war bekannt, daß dort in der Osterzeit besonders viel Eier verschenkt wurden. Ich hab' in der genannten Karwoche damals über 300 rohe Eier geschenkt bekommen, obwohl ich den Leuten dort eigentlich noch fremd war. Im Wirtshaus zu Lederdorn, wo eine seelengute Wirtin wirtschaftete, hab' ich mich jeden Tag gestärkt durch eine kurze Rast, einer Halben Bier und einer kleinen Brotzeit.

Sitzt da am Gründonnerstag Vormittag ein junger, recht lebhafter Rauchfangkehrer in der Wirtsstube und trinkt auch eine Halbe. Da wir nur zu zweit waren, sind wir auch gleich ins Gespräch gekommen, denn die lausigen Beamten kennen keinen Stolz. „Wieviel Ostereier", hat der Kaminkehrer gemeint, „hast denn schon beieinander?" „Bis jetzt noch nicht viel", hab' ich geantwortet. „Da muß ich gleich einen Trick verraten", sagte er. „Ich", hat er angefangen, „leg, wenn ich in eine Stube komm, meinen Zylinder rücklings auf den Tisch und leg jedesmal drei Eier hinein. Dann geh ich meinen Rauchfang kehren. Jede Hausfrau ist dann ganz natürlich der Meinung, ich habe diese drei Eier soeben beim Nachbarn bekommen. So legt sie statt einem Ei halt auch mindestens drei dazu. Was meinst du", sagte er mit Nachdruck, „was ich da Eier zusammenbring! Ich hab' hier im Dorf in einem Haus einen Wäschekorb stehen, zu dem fahr ich alle zehn Minuten zurück und leer meine Joppentaschen und meine zwei großen Fäustling aus. Der Korb ist bis zum Abend gestrotzt voll. Am Abend holt sie mein Vater mit dem Auto heim."

Ich hörte gern zu. Nachdem wir unser Bier geleert hatten, verabschiedeten wir uns freundlich mit einem „Pfüad-Dö". „Und laß dir's nochmals sagen", meinte er, „leg deine Posthaubn auf den Stubentisch und tu drei Eier hinein".

Mir hat der Vorschlag wohl gefallen, aber getan hätt ich das nie, ich fand es für eine kleine Erpressung. Gut, jeder ging wieder seinen Weg. Als ich nach etwa einer halben Stund die breite Dorfstraße überqueren will, liegt da mitten auf der Straß ein schwarzes Fahrradl und daneben der schwarze Kaminkehrer. Ein Haufen zerbrochener Eier lagen da, und eine Menge kugelten bergabwärts. So zwei Meter vom Radl entfernt lag auch der schwarze Zylinder mit lauter zerbrochenen Eiern. Der schwarze Mann war mit lauter Eile und den vielen Eiern ins Schwanken gekommen. „Da schau her", sagte er noch im Liegen, „das hab ich jetzt von meiner Schlauheit. Die Eier täten mich alle nicht reuen, denn solche krieg ich wieder. Aber da schau meine Lederfäustling an, die hab ich auch gestrotzt voll rohe Eier gehabt. Die hatte ich über der Lenkstange hängen. Und genau auf die zwei Handschuhe hat's mich beim Sturz geworfen. Wie bring ich nur den ganzen „Gaatz" (Brei) aus den Handschuhen heraus?", meinte er kleinlaut. Ich hab ihm wohl noch gutgemeinten Rat dazugegeben, hab mich aber auch verdrücken müssen, weil ich das Lachen nimmer verbeißen hab können, noch dazu, wo er mich doch vor einer halben Stund so gut aufgeklärt hatte.

Liebevoll verzierte Ostereier

Vom Schwarzschlachten

von Max Schötz, Hochwies

Die älteren Leut wissen es ja noch gut genug, wie schlecht und streng die Zeit während des Zweiten Weltkrieges gewesen ist. Verstohlen hat man ab und zu einige Gäns geschlachtet, Hühner oder gar ein Sugerl. Da hat sich aber einer schon viel getraut, mein Lieber! Das wär ihm teuer gekommen, wenn sie ihn erwischt hätten. Da hat nun am Berg drüben ein Kleinbauer bei Nacht eine Sau dammisch gehaut (geschlachtet). Wie es aber der Teufl haben hat wollen, hat das ein Nachbar abgelauert und hat den Kleinbauern hingehängt (angezeigt). Zum großen Glück hat das der Bauer noch früh genug erfahren. Er hat den großen Fleischzuber mitsamt dem eingesalzenen Fleisch unters „Häusl" (Abort), das im Hof überm Misthaufen gestanden ist, gestellt. Die Häusltür hat er gut zugenagelt, damit es ja nicht benützt hat werden können. Wenige Stunden darauf sind auch schon zwei Schandarm aus Konzell durch den Obstgarten reinmarschiert gekommen. Sie haben beim Bauern eine strenge Haussuchung gemacht und sind ganz erstaunt gewesen, daß sie gar nichts gefunden haben. An so etwas haben sie freilich nicht gedacht, daß ein großer, voller Fleischzuber unterm „Häusl" stehen könnt.

Den Kopf abgeschnitten

Aus dem Sagenbuch des Landkreises Bogen

Im Kogl droben war's. Jung verheiratete Eheleute konnten sich gar nicht recht miteinander vertragen. Der Mann trank viel, und die Frau ratschte zuviel. Dies verdroß den Mann, und er dachte oft darüber nach, wie er der Frau das viele Ratschn abgewöhnen könnte. Da kam er wieder einmal spät vom Wirtshaus heim mit einem Rausch. Als er dem Hof zuging, krähte schon der Hahn den Tag an. Voll Wut über diesen Schreier, der ihn verraten hatte, schnitt er dem Hahn den Kopf ab. Sogleich fiel ihm ein Plan ein, wie er seine Frau kurieren könnte. Er ging mit ganz verstörtem Wesen in die Kammer zu seinem Weib, und dieser fiel es gleich auf, daß er ganz anders war als sonst. „Was ist denn geschehen?", fragte sie den Mann gleich. Der Mann wartete eine Weile, endlich sagte er: „Ich will dir's sagen, aber nur, wennst mir's versprichst, daß du niemandem was erzählst. Es hat's niemand gehört und gesehen, daß ich einem den Kopf abgeschnitten hab." Die Frau wurde ganz blaß, aber schon am Morgen war sie im Dorf und vertraute allen ihr Geheimnis an. „Aber ja nichts sagen", war steht's der Schluß. Dieses Gerede ging immer weiter, bis es auch die Gendarmen hörten und den Bauern vernahmen. Der gestand, dem Gockl den Kopf abgeschnitten zu haben. Da wurde seine Frau tüchtig ausgelacht, und sie ging nie wieder zum Ratschn. Sie behielt ihre Geheimnisse. Der Mann ging auch nimmer so oft ins Wirtshaus, und von da an lebten sie friedlich zusammen.

Der Teufel im Geldsack

von Maria Haimerl, Kelburg

Da ist einmal in Loitzendorf ein Bauernbursch gewesen, ein recht ruhiger und braver Kerl, und ein Weiberleut hat er gleich gar nicht angeschaut. Da ist er einmal ganz alleine daheim im Haus gewesen und hat sich das schwarze Buch aus dem Kasten geholt. Kaum hatte er zu lesen darin angefangen, da sind die Fenster aufgeflogen, der Teufel kommt zum Fenster herein und setzt sich auf einen Geldsack. Der Teufel hat den Buben angeschrien: „Dich kauf ich mir heut!" Zum großen Glück ist ausgerechnet der Vater des Burschen heimgekommen. Wie der Vater zur Stubentür hineingeht und den Teufel sieht, ist er gleich wieder umgekehrt und zum Pfarrer gerannt. Dieser hat den Teufel aber nicht aus der Stube gebracht. Der Teufel hat dem Herrn Pfarrer vorgeworfen, daß er Sünden am Herzen habe. Erst ein Klosterpater, den man

Sonnenuntergang über dem Wolkenmeer

dann geholt hat, hat den Teufel mitsamt dem Geldsack wieder verjagen können. Der Bauernbursch aber ist für immer verschwunden.

Der „Woissbauer" von Grub erzählte aus seinem Leben:

Bei uns ist es schon immer recht christlich zugegangen auf dem Hof. Ja, und ich weiß noch, daß um 1900 die Maß Bier 20 Pfennig gekostet hat. Es hat damals meist Dunkelbier gegeben, und das ist viel besser gewesen wie das heutige. Soviel ich weiß, haben die Bräu den Wirten die Maß für 15 Pfennig geliefert. Auf unserm Hof ist es noch lang nach dem Ersten Weltkrieg Brauch gewesen, daß die Leut an den Abenden, besonders im Winter und an Sonntagen, zusammengekommen sind zum Singen, zum Tanzen, zum Schnaderhüpflsingen, die oft gleich eine halbe Stund lang nimmer abgerissen haben. Auch viele Geschichten sind erzählt worden. Da hat in der Näh von uns ein Bauer gelebt, dem hat das gar nicht gepaßt, daß bei uns an den Abenden die Leut so zusammenkommen. Er ist hintenrum zum Exposi (zum Kooperator nach Harrling) gegangen und hat ihm das erzählt. Und was meinst, was der Exposi zu ihm gesagt hat? „Sei froh“, hat er gesagt, „daß die jungen Leut so einen ordentlichen Platz haben, dann passiert wenigstens sonst nichts!“ Dieser Bauer, der uns da verraten hat wollen, hat alle Jahr dem Exposi Kirschen, Zwetschgen und Äpfel und Birnen gebracht, aber von dem Tag an ist's gar gewesen, weil ihm der Exposi nicht schön geredet und zugehalten hat. Ja, auf unserm Hof ist es nicht nur christlich und gemütlich zugegangen, unsere Eltern sind auch streng in allem gewesen. Ja, ich denk noch weit zurück, und gern denk ich an meine Jugendzeit. Der Wirt in Altrandsberg hat 1912 von meinem Vater, tröst ihn der liebe Gott, noch um 800 Goldmark Getreide gekauft. Mein Vater hat das Goldgeld wieder ausgegeben, und bald darauf ist kein Goldgeld mehr hergestellt worden. Das hat meinen Vater schwer gereut, denn dieses letzte Goldgeld hätten wir uns gerne als Andenken aufgehoben. Als ich ein junger Bursch gewesen bin (vor dem Ersten Weltkrieg), da hat der Pfarrer von Moosbach, der auch eine große Landwirtschaft dabei hatte, einen Knecht gehabt, der hat nebenbei auch ein wenig Vieh gehandelt, vor allem aber für den Herrn Pfarrer. Im Wirtshaus, wenn der Herr Pfarrer gesessen ist, hat er am liebsten vom Stall und vom Vieh sich unterhalten. Einmal hat er mich selber im Beichtstuhl drin gefragt, was zur Zeit die Ochsen kosten und wie der Preis jetzt mit Festholz ist. Im Pfarrer seinen Stall ist auch der Zuchtstier für die ganze Pfarrei gestanden. Die meiste Zeit hat er zwei Stiere gehabt, weil einer zu wenig gewesen wär. Das ist sogar vom Ordinariat geschrieben gewesen, daß der Pfarrer die Stiere haben darf. Wenn die Leut die Kühe zum Stier gebracht haben, so hat den Stier immer der Knecht aus dem Stall treiben müssen, aber nie der Pfarrer. Beim Wirt in Untergschandt hab ich in meiner Burschenzeit nach dem Ersten Weltkrieg noch oft im Winter Eis aus dem Weiher nehmen helfen, für seinen Eiskeller. So 12-14 große Fuhren hat der Wirt alle Jahr gebraucht. Ja, da hatt's immer viel Arbeit gegeben, da hat man geschickt sein müssen, bei solchen Arbeiten. Mit zwei Rossen wurde das Eis heimgezogen mit einem großen Schlitten. Ich weiß noch, wie das Lamberger Wallfahrtskircherl neu gebaut worden ist. Da haben die Leut von weit und breit umsonst mitgeholfen. Wer einen Tag umsonst gearbeitet hat, der hat einen Ablaß gewinnen können. Die Ziegelsteine haben die Leut (meist Männer) alle über eine „Drädd“ (Treppengerüst) hinaufgetragen. Zwischen 18 und 25 Ziegel hat man da immer in der Kraxn gehabt. Wer da den ganzen Tag mit dieser Kraxn Ziegel nach oben getragen hat, der hat am Abend schon gewußt, was er getan hat. Mein Großvater hat damals auch noch Ziegel tragen helfen. Ich hab einen Bruder gehabt, den Sepp, der hat ganz große handwerkliche Talente gehabt. Ohne daß er einen Beruf gelernt hat, hat er alles gemacht: Zimmerer, Schreiner und Drechslerarbeiten. Es hat, glaub ich, nichts gegeben, was der nicht gemacht hätt. Einmal hat er für eine Braut sogar die ganzen Mö-

Die weitbekannte Blaskapelle Boßl aus Cham, um 1935

bel für den Kammertwagen gemacht. Auch das Zugharmonikaspielen hat er von selber gut gelernt. Zu Maria Lichtmeß, wenn das ganze Getreide im Stadl ausgedroschen war, ist alles auf dem Getreidekasten oben auf Haufen geschüttet worden. Jede Sorte für sich. Dann hat der Vater mit dem Getreideschaufelstiel auf jeden Haufen drei Kreuze eingeritzt, so daß man diese Segenszeichen gut sehen hat können. Auch im Wald, wenn wir im Winter einen größeren Baum abgeschnitten haben, haben wir mit Hacke drei Kreuze in den Stock gehauen. Wie von mir ein Bruder, der Jakl, gestorben ist, ist einige Minuten vorher die Stubenuhr stehengeblieben, und wie dann der Jackl die Augen für immer zugemacht hat, hat die Uhr ganz von selber sofort wieder zu gehen angefangen. Ja, solche Sachen hat's viel gegeben. Wer's nicht glauben will, dem ist halt nicht zu helfen.

Der Totengräber
von Max Brunner

Da ist also einmal ein Totengräber gewesen, dem ist das liebe Bier sein Heiligtum gewesen. Eines Tages im Herbst ist ein Metzger gestorben, und das ist auch ein großer Bierfreund gewesen. Der Metzger hat sich in seinen letzten Schmerzensstunden noch ein Maß Bier holen lassen. Weil er aber schon recht schwach geworden ist, hat er die Maß nimmer ganz trinken können und hat sie halb stehen lassen auf seinem Nachtkastl. Um Mitternacht ist dann der Metzger gestorben. In Allerfrüh hat man den Totengräber geholt, daß er dem Metzger das Totengewand anzieht. Wie der Totengräber ins Totenstüberl hinein kommt, da sieht er gleich die halbe Maß Bier noch stehen, die auf dem Nachtkastl steht. Seine ersten Worte sind gewesen: „Hat etwa der Sepp noch ein Bier stehen lassen?“ Dabei ist er auf den Maßkrug los und hat ihn ausgetrunken.

Wie der Pfarrer von Wettzell verhaftet worden ist
von Xaver Santl

Auf dem altn, derflicktn, mit Stroh gefülltn Kanape bin ich nebn dem Höhbauern Häuslmann gsessn, wia er mir dö Gschicht erzählt hat.
„Es is scho lang her“, so hat er angfanga zum Erzählen, „da is also in Wettzell amal a Pfarrer gwesn, wiara gheißn hat, fallt ma nimma ei. A wenga lescherer soll a gwesn sei, ham d’Leut erzählt. D’Leut hamd’n aber allö gern mögn, weil er viel Spaß verstandn hat. Wenn er allö Tag sein Spaziergang hat gmacht, hat er allerweil nur sei Werktagsgwand tragn. Wer den Pfarrer persönlich nöt kennt hat, hat ihn für an Bettlmann ghaltn. Da is er halt im Sommer wieder amal spaziernganga und hat sich an am Bachrand hingsetzt, hat d’Schuh auszogn und hat seinö Füß ins kühle Wasser hängen lassn. Und möchst es nicht glaubn, kommt da, wies der Deifl haben will, akkurat ein fremder Schandarm vorbei. Weil der den Pfarrer nöt kennt hat, hat er glaubt, dös is am End a Gauner, dea do fischn tuat.
Der Schandarm hat vo dem Mo glei an Ausweis verlangt, und weil er keinen dabei ghabt hat, hat er ihn auf der Stell verhaft. Dö Sach hat dem Pfarrer sogar recht gfalln, und ea is glei mit dem Schandarm mitgangen. Weil aber der Schandarm in Wettzell no a Gschäft zum Erledigen hat ghabt, hat er den vermeintn Gauner mitgnomma nei in d’Bauernstubn. Und was meinst denn, wia dö zwoa in d’Stubn nei genga, reißt der Bauer glei sein Huat vom Kopf und grüaßt den Herrn Pfarrer recht ehrbar mit „Gelobt sei Jesus Christus“ und

„Gruaß God, Herr Pfarrer". Der Herr Schandarm hat gschaut, wie wenn er vom Himml runter wär gfalln. Er is ganz käsweiß worn und hat sich beim Herrn Pfarrer entschuldigt.
In einer Wirtsstubn hat dann später der Bauer gemeint: „So schnell wia bei mir in da Stubn, moan i, hat no nia a Schandarm an Verhaftn freilassn!""

Den Teufel vertrieben

von Sepp Zollner

In einem Hof hatte man im Viehstall schon jahrelang kein Glück mehr. Das Vieh hat bei Nacht oft wie närrisch geplärrt, und man hat sich gar nimmer zu helfen gewußt. Viele Leut sind der Meinung gewesen, daß da der Teufel im Spiel ist. Da hat sich der Bauer bei Nacht in den stockfinsteren Rinderstall gestellt und hat um Mitternacht eine volle Stunde lang mit einem großen Hammer auf eine Eisenschiene gedroschen. Dabei hat er auch noch gescholten, was er aus sich brachte. Von da an soll Ruhe im Stall gewesen sein.

Abendstimmung

In der Christnacht

von einem alten Waldler

In Steinachern hat der alte Zaglmann einmal in der Christnacht ein recht gruseliges Geräusch gehört. Er ist stehengeblieben und hat gehorcht. Da ist auf einmal ein schwarzer Mann mit glühenden Augen aus einem Gebüsch geflogen, und dieser hat eine Frau in den Krallen gehabt, die wenige Tage vorher erst gestorben war. In Neurandsberg ist es gewesen um 1900 herum, da hat der Fink Girgl um Mitternacht den Teufel auf einem Wiesbaum sitzend über die Schergengruber Wälder fliegen sehen.

Waldlerehepaar aus Obergschandt

Der rohe Bierfahrer

Es ist eine schöne und friedliche Zeit gewesen, als die Roßfuhrwerke noch durch die Landschaft gezogen sind. Wenn zwei so Rösser schnaubend dahergestampft sind mit den kleinen Messingglöckchen am Geschirr, so ist das mehr als eine Pracht gewesen. Wer das freilich nicht mehr erlebt hat, der weiß es eben nicht und kann deshalb auch nicht gescheit drüber reden. Besonders stolz sind wir Buben gewesen, wenn wir für einige Meter auf so einem breiten Roßbuckel haben sitzen dürfen. Die älteren Leut können sich auch noch an die vielen Bierfuhrwerke erinnern. Wie mir noch alte Bierfahrer erzählt haben, hat man früher auf recht steinigen Wegen jede Bierflasche in Heu einwickeln müssen. Es hat bei den Bierfahrern, wie bei allen Knechten, brave Burschen gegeben, aber auch echte Rohlinge. Ich denke da noch gut an einen Bierfahrer, der von der Brauerei Gossersdorf mit zwei flotten Hengsten das Bier zu verschiedenen Wirten gefahren hat. Oft ist dieser Bierfahrer ein wenig angenebelt gewesen, und wenn ihm da was schief gegangen ist, hat er seine Wut an den Rossen ausgelassen.

Als wir Buben da einmal von der Schule heimgegangen sind, da ist dieser Bierfahrer gerade mit einer Fuhr Bierfässer die „Lenzhöhe" unterhalb Rattenberg heraufgefahren gekommen. Der Knecht ist neben den Rossen hergegangen, und weil er vor Rausch kaum gehen hat können, hat er sich zuviel am Lenkseil gehalten. Die zwei Hengste, die am ganzen Körper nur so geschäumt haben, hat er immer weiter nach links gezogen. Und auf einmal ist es halt soweit gewesen, wie man es voraussehen hat können. Der Wagen ist über die Böschung hinuntergerutscht, und die Bierfässer sind alle davongekugelt. Wir Buben sind erschreckt stehengeblieben und haben abgewartet, was nun geschehen würde. Der kräftige Roßknecht hat erst einmal ganz alleine den schweren Bierwagen auf die Räder gestellt und hat dann mit den Hengsten den leeren Wagen die Böschung hinaufgefahren. Das Lenkseil hat er dann um die vordere linke Wagenkipf gewickelt. Dann hat er seine etwa eineinhalb Meter lange Eisenstange, die unterm Wagen befestigt war, hervorgeholt und hat damit einige Minuten lang auf den Unterbauch der Hengste eingedroschen. Dabei hat er ununterbrochen geflucht, was er nur aus sich gebracht hat. Die zwei Hengste hat es nur so zusammengezogen vor Schmerzen. Sie sind aufgestiegen und haben gewiehert. Ganze Würste haben sie durch die Wucht der Eisenstange am Bauch gehabt. Wir Buben hätten am liebsten geweint. Wie der Knecht dann seine ganze Wut losgewesen ist, hat er die schweren Bierfässer die Böschung hinaufgetragen und wieder auf den Wagen geworfen. Dann hat er die Zügel wieder in die Hand genommen und mit einem wilden Schrei „Wüa" sind die zwei Hengste tobend losgestampft. Ganz

Heimattag in Straubing, 1924

wild sind sie die Lenzhöhe hinauf, so daß sie der Knecht bald nimmer derhalten hätt können. Mit solchen Wildlingen sind Rosse zum Erbarmen gewesen. Im Allgemeinen aber hat man bei den Roßknechten Liebe zu den Rössern gesehen.

Die ersten Seiltänzer in Rattenberg

vom Schreiner Max

Ich bin noch ein Schulbub gewesen, als eines Tages im Pfarrdorf bekannt gemacht wurde, daß große Künstler ins Dorf kommen und dort unter anderm auch Seiltänze aufführen werden. Also ist vom Schmiedwirt aus ein Seil gespannt worden zum damals sogenannten „Steigbaum", der neben dem früheren Feuerwehrhäusl gestanden ist. Auf diesem Steigbaum mit den vielen Quersprossen hat man nicht nur die nassen Feuerwehrschläuche gehangen, sondern man hat auf ihm bei Feueralarm Ausschau nach der Brandstelle gehalten. An diesem Steigbaum also ist das Seil für die Tänzer befestigt worden. Es ist schon Abend geworden, als sich eine große Menge Neugieriger auf dem Dorfplatz versammelt hat, um die Künstler zu bewundern, wie sie sich vorsichtig über das gespannte Seil bewegten. Da ist hinter mir eine ältere Frau gestanden, die auf einmal so halblaut meinte: „Na, do kanntns mi nöt habn, nöt um vui Gejd."

Der Schulanfang

Wenn ein Kind in das sechste Jahr kommt, dann wird halt schon öfter vom Schulanfang geredet. Die Kinder werden angeregt, durch allerhand kleine Geschenke und gute Zusprüche sich auf den Schulbeginn zu freuen. So ist es auch bei uns gewesen. Meine Tochter hat sich wohl einerseits gefreut auf den Schulanfang, andererseits doch ein bisserl gezweifelt. Es ist nun am Nachmittag vor Schulbeginn gewesen, da sehe ich das Kind schon eine Weile nicht mehr. Wie ich dann nach langem Suchen auch in ihr Schlafkammerl komm, da liegt es mitsamt dem Kleidl im Bett und weint bitterlich. Wird doch nicht ausgerechnet krank werden, war mein erster Gedanke. Und wie ich das Kind dann frag, was denn auf einmal los ist, da hat es mir unter Schluchzen geantwortet: „Morgen muß i in d'Schul gehn und kann no gar nöt lesn und schreibn, da lachn mi dö andern Kinder aus".

Der Nagerlstein

von Franz Ermann

In der Gemeinde Obermühlbach zwischen dem Weiler Mitterberg und der Hofersäg liegt der sagenumwobene „Nagerlstoa". Unweit von der Straße kann man in den sogenannten „Klosterweg" einbiegn. Sicher ham in vergangenen Jahrhunderten die Grunduntertanen von Windberg den finstern Waldweg beschrittn. Nur etliche Schritt von dem Klosterweg entfernt liegt a großa Felsblock, der jäh in a tiefe Bachschlucht abfällt. Dös is der sogenannte „Nagerlstoa". Angeblich soll dös in früheren Jahrhundertn a Grenzstein gwesn sei. Untn fließt dös frischö Mitterbergerbacherl. Da erzählt nun eine alte Sage, daß im Mittelalter, bei der Bachschlucht beim Nagerlstoa a großer Tatzlwurm (ein 5 bis 6 Meter langer Drache) glebt hat. Und dieses gefährliche Untier hat alle Jahr etliche Menschenopfer gefordert. Koa Mensch hat sich über den Drach hertraut. Wie aber die Sach immer gefährlicher wordn is, da hat sich a beherzter Klosterjäger von Windberg entschlossn, den Drachn zu tötn. Der tapfere Klosterjäger hat vorher noch die Heilige Kommunion empfanga, und so hat er gut vorbereitet den Kampf mit dem Ungetüm angetretn. Und tatsächlich hat ers fertigbracht, den Drachn zu tötn. Die ganze Gegend is von dem

Elend befreit wordn. Zur Erinnerung an diese große Tat hat ma dann alle Jahr zu Sonnwend das Nagerlstoafest gfeiert. Und dies Fest is sogar in hohen Ehren gstandn. Sogar der Baron von Neukirchn ist jedesmal mit seiner Familie dabei gwesn. Das Nagerlstoafest wird aber seit über hundert Jahr nimmer gfeiert und kommt allerweil mehr in Vergessenheit. Von einigen ganz alten Leut lebt die Sage von dem mutigen Jäger heut noch weiter, und der Nagerlstein erfreut jedn Wanderer und Naturfreund durch seine wilde Schönheit.

Von zwei Übeln soll man das kleinere wählen

von Wilhelm Duschl, Wiesenfelden

Im letzten Viertel des neunzehnten Jahrhunderts wußte man im Bayerischen Wald noch nichts vom elektrischen Licht. Ja, in den weltfern gelegenen einschichtigen Höfen kannte man noch nicht einmal Petroleum. Mit einem säbelartigen Messer, dem sogenannten Spanschnitzer, spaltete man die harzigen Föhrenscheiter, und ihre Späne gaben die Beleuchtung für den Stall, vereinzelt auch für die Stube. Der alte Seppbauer von Gstaudach, der sich 84 Jahre schlecht und recht herumgeschlagen hat in dieser buckeligen Welt, wollte heimgehen und in den himmlischen Gefilden Frieden suchen und Ruhe für den müden Körper. Seine Söhne standen um das Sterbelager, und als sie am Atem und an der Blässe merkten, daß der Sensenmann nicht mehr ferne sei, gaben sie dem Vater einen brennenden Kienspan in die Hand. Denn ohne Licht dürfe ein Sterbender nicht verscheiden, weil sonst die bösen Geister zuviel Macht über ihn bekämen. Der Seppenbauer hielt den Span ganz wacker in der Hand, und dieser brannte tiefer und tiefer, ohne daß der Tod sich einstellen wollte. Da sagte der älteste Sohn: „Vadda, stirb hoid, du brennst die ja sunst in d'Händ!"

Guter Zusammenhalt

von Cilli Ebenbeck

Wenn bei uns in Falkenfels ein Fest bevorstand, ganz gleich, ob eine Mission abgehalten wurde, ob der Prangertag war, oder gar eine würdevolle Primiz, dann hielten wir Falkenfelser Mädchen und Frauen jedesmal gut zusammen, um dieses Fest so gut es ging zu gestalten. Wir stellten immer mehrere Triumphbogen auf und zierten diese aufs Prächtigste. So zehn junge Mädchen waren uns, die bei einer guten Röserlmacherin das Röserlbinden lernten. Tannenzweigerl holten wir uns aus dem nahen Wald ganze Körbe voll, und Röserl in allen Farben machten wir dazu immer mehrere hundert. Auch die vielen Papierschleifen mit Aufschrift fertigten wir selber an. Wenn's auch viel Arbeit gab, wir arbeiteten oft halbe Nächte durch, alles um Gotteslohn. Unser Dank war jedesmal, daß wir von den Festbesuchern recht gelobt wurden. Wir machten das alles gerne zur Freude der Gäste. Wegen des besonders liebevoll gemachten Festschmuckes war unser Falkenfels weit bekannt, und so sind auch zu unseren Festen die Leut besonders gern gekommen.

Der Schullehrer von einst

vom Schreiner Max

Ein Schullehrer hat ehers gar viel Posten gehabt, dafür ist er aber auch ein recht angesehener Mann gewesen. Der Schullehrer „Trindl" ist ein ganz rühriger Mann gewesen, der hat sich um gar viel angenommen.
Die ganz alten Leut können sich an ihn noch ein wenig erinnern. Um 1910 ist er Lehrer in Rattenberg gewesen. Was meinst du, was der alles gewesen ist?

Volksschulklasse aus dem ehemaligen Landkreis Bogen, um 1900

Außer ein guter Lehrer ist er Kleinbauer mit zwei Kühen gewesen, Organist in der Pfarrkirche Rattenberg, Chorleiter, Leiter des Gesangsvereins Rattenberg und dessen Dirigent, dazu war er noch ein tüchtiger Gemeindeschreiber.

Der Geist auf der Friedhofsmauer

von Max Brunner

Vor vielen Jahren wurde hier ein Selbstmörder beerdigt. Aber nie hatte es mit dem Grabe seine Richtigkeit. Entweder stand der Grabstein verkehrt oder die Grabumfassung lag abseits. Fast jeden Morgen konnte man eine Veränderung wahrnehmen. Einmal am frühesten Morgen, als die Schloßmahder zum Mähen gingen, sahen sie auf der Friedhofsmauer eine Gestalt sitzen, die dem Selbstmörder sehr ähnlich war. Erschrocken weckten sie den Pfarrer auf und machten Meldung. Wie der Geistliche kam, war die Gestalt verschwunden. Man glaubte schließlich der Erzählung der Schloßtaglöhner nicht. Wieder einmal sahen in aller Frühe, so um drei Uhr, andere Arbeiter des Schlosses die Gestalt in ganz gleicher Stellung. Wieder machten sie dem Pfarrer Meldung. Es wurde nun veranlaßt, daß der Leichnam aus der geweihten Erde kam. Er wurde ohne Segen an der Friedhofsmauer eingescharrt, dort, wo er sich immer zeigte. Nun war Ruhe.

Regenbogen nach einem Gewitter

Am Pflüglweiher

von Max Brunner

Auf dem Wege von Heilbrunn nach Hötzelsdorf liegt der Pflüglweiher. Rundum standen früher recht hohe Gebüsche. Diese gaben dem Platze ein recht geisterhaftes Aussehen bei Nacht. Der Weiher war der Badeplatz der Umgebung. Gegen Abend ging ein Mann vom Heilbrunner Wirtshaus nach Hause. Sein Weg führte ihn am Weiher vorbei. Da kam er auf den Gedanken, wenn jemand badet, den recht zu erschrecken. Er schnitt sich eine Gerte ab und versteckte sich im Erlengebüsch. Wirklich sah er bald aus dem Weiher einen weißen Rücken herausschwimmen. Er schlug mit der Gerte darauf ein. Im selben Augenblick verschwand dieser Rücken, ein Pferd sprang aus den Stauden und legte den Kopf schwer auf die Schulter des Mannes. Er wollte enteilen. Aber das Pferd hielt fest. Langsam und zitternd kam er nach Hause.

Ein großer Wolkenbruch

Ein Kooperator aus Windberg schreibt um 1905 von einem seltenen Erlebnis:

Ein Wolkenbruch ist immer ein schauerliches Ereignis, das weithin schreckliche Verheerungen anrichten kann. Wenn wir bloß Berichte darüber in der Zeitung lesen, möchte uns schon ein Gefühl des Entsetzens befallen.

Ich hatte einmal die Gelegenheit, die Folgen eines minder gefährlichen Wolkenbruches, der über der Gegend von Neukirchen bei Haggn (Bezirksamt Bogen) niederging, persönlich beobachten zu können. Es war im Jahre 1855 am Sonntag nach Pfingsten (am Dreifaltigkeitssonntag), als in Neukirchen das Herz-Jesu-Fest feierlich begangen wurde. Mein alter Herr Pfarrer war am Vormittag von Windberg dorthin zur Aushilfe im Beichtstuhl gegangen. Ich selber folgte nachmittags nach, um den hochbetagten Prinzipal auf dem Heimwege begleiten zu können. Der Tag war sehr schön, aber kaum war ich nach Schluß der kirchlichen Feierlichkeiten in Neukirchen angekommen, so erhob sich plötzlich ein scharfes Gewitter, das sich jedoch bald wieder verzog und nur einen kurzdauernden Regen zurückließ. Nach einiger Zeit wollten wir vom Pfarrhofe aus den weiteren Verlauf des Wetters beobachten, als wir plötzlich aus dem Pürgler Tale eine ungeheure Wassermenge sich hervordrängen sahen. Es war, als wälzte sich ein das enge Tal quer überspannender Baumstamm von etwa eineinhalb Meter Durchmesser daher. Der erste Anblick erregte Entsetzen. Aus dem Tale hervorgetreten, verteilten sich die Wassermassen in die Niederungen und überschwemmten die zwischen Neukirchen und Haggn gelegene Mulde. Die weit ausgedehnte Fläche, auf der man seit Menschengedenken außer Regenpfützen kein Wasser gesehen hatte, glich im Nu einem großen See. Die Gewitterwolken, welche ganz auffallend tief standen, hatten sich nämlich in dem von Pürgl gegen Elisabethszell hoch hinaufziehenden Sacktale verfangen und darin ihren vollen Inhalt ausgegossen. Ein Glück war es, daß das Tal hauptsächlich nur Viehweiden und Wiesen enthielt, wovon allerdings das heranbrausende Wasser viel Erdreich mit sich fortriß. Die Heuernte wurde vernichtet. Die Ortschaft Pürgl selber kam mit geringerem Schaden davon, da sie in ziemlicher Höhe über der Talsohle liegt. Die Gewalt des Wassers war so mächtig, daß es selbst ungeheuer große Steinblöcke wie spielend von ihrem Platze rückte. Menschenleben gingen nicht zugrunde, denn wegen des Sonntags war niemand auf dem Felde beschäftigt, und die Kirchengänger hatten vor Schreck noch rechtzeitig ihr schützendes Heim erreicht, teilweise aber auch noch vor den niederstürzenden Wassermassen in anderen Häusern Zuflucht gefunden. Für uns beide, den Pfarrer und mich, war nun die Sache bedenklich geworden. Alles war mit Wassermassen überschwemmt. Wollten wir zu Fuß heim, so hätten wir einen weiten

Umweg machen müssen. Da war nun guter Rat teuer. In unserer Verlegenheit suchten wir ein Fuhrwerk zu bekommen. Aber in dem kleinen Dörfl Neukirchen war nichts anderes aufzutreiben als ein Heu- oder Leiterwagen. In der Not ist man bekanntlich mit allem zufrieden, und so nahmen denn auch wir vorlieb mit diesem eigenartigen „Herrenfuhrwerk". Bald stand also ein großer Leiterwagen mit zwei Pferden vor dem Pfarrhofe. Ein paar Bretter über die Leiter gelegt dienten dem Fuhrmann und uns als Sitze, und nun ging's langsam und vorsichtig durch Wassermassen und Schlamm. Das Wasser reichte über die Achsen unseres Wagens, und wir zwei hatten Sorgen, der Wagen würde irgendwo umkippen oder versinken. Der Fuhrmann aber, der jeden Meter kannte, tröstete uns mit der Erklärung, daß wir die tiefsten Stellen schon glücklich hinter uns hätten. Nach einer Zeit trafen wir daheim glücklich ein. Wir waren sehr froh, nun wieder festen Boden unter den Füßen zu fühlen und ohne Unfall unser Heim erreicht zu haben.

Der „Weihnachterer"

von Rupert Stieglmeier

Lustige Sachen sind frühers viel vorgekommen. Da hat in Falkenfels einmal ein Hausmetzger in der Nachbarschaft kurz vor Weihnachten eine Sau geschlachtet. Alt und jung im Haus haben sich schon lang gefreut drauf. Der Metzger hat also der Sau mit einem birnbaumenen Holzschlägel einen saftigen Hieb auf die Stirn gegeben, und die Sau ist wie tot umgefallen. Er hat, wie sich's gehört, der Sau mit einem Schlachtmesser ins Herz gestochen, und die Kleinbäuerin hat einen halben Eimer voll Blut aufgefangen. Die Sau ist aber immer noch ein wenig unruhig gewesen. „Die kann den Teufel nimmer zerreißen", hat der Hausmetzger gemeint. Er hat mit Hilfe des Bauern die Sau in den Trog gelegt und hat sie von hint bis vorn gut eingepecht. Bis jetzt ist alles gut gegangen. Auf einmal aber hat die Sau einen Ruck gemacht, ist wie wild aus dem Trog gesprungen, ist zur Haustür hinaus und hat alles über den Haufen gerannt, was ihr in den Weg gekommen ist. Endlich ist sie tot auf dem Misthaufen liegengeblieben. Alle sind vor Schreck käsweiß geworden. Die Bäuerin hat den Metzger angeschrien: „Du wärst ma a so a Metzger"! Dem Hausmetzger ist die Sach am allerzuwidrigsten gewesen, und er hat kleinlaut gesagt: „Bäuerin, sowos is ma scho öfters vorkomma!"

Wer bekommt die Taschenuhr?

vom Wagner Gust, Krieseszell

Da sind einmal drei Burschen auf die „Walz" (Arbeitssuche) gegangen, ein Jäger, ein Mauerer und ein Metzger. Da sehen sie auf einmal eine recht schöne Taschenuhr auf dem Weg liegen. Jeder hat gleich geschrien: „Ich hab sie zuerst gesehen!" Und weil es zu keiner Einigung gekommen ist, sind die drei in eine Rauferei gekommen und zu guter Letzt auch noch vor den Richter.
Da aber der Richter auch nicht feststellen hat können, welchem von den dreien die Uhr zusteht, hat er sich etwas ganz außergewöhnliches einfallen lassen. Er hat also zu den drei Burschen gesagt: „Ich geb euch noch Zeit, heut in einer Woche treffen wir uns hier im Gerichtssaal wieder. Welchem bis dahin die größte Lüge einfällt, der bekommt die Uhr." Acht Tage darauf ist also der Jäger als erster vor den Richterstuhl getreten mit folgender Lüge: „Ich hab vom Münchener Rathausturm aus auf dem Stefansturm in Passau eine einäugige Laus sitzen sehen, und dieser hab ich gleich das zweite Auge herausgeschossen." Nun ist der Mauerer drangekommen. Er hat auch ganz schön lügen können. Und so hat er begonnen: „Ich hab einmal einen Turm gebaut, so hoch, daß ich euch das gar nicht sagen kann. Da ist mir von der Turmspitze auf einmal der Hammer hinuntergefallen, und bis er unten angekommen ist, ist der Hammerstiel bereits verfault gewesen." Und nun ist auch noch der Metzger drangekommen. Auch er hat gut lügen können: „Ich habe einmal erstens einen Ochsen geschlachtet, der hat so lange Hörner gehabt, daß ein Vogel von einer Hornspitze zur anderen mehrere Monate unterwegs gewesen ist; und zweitens hab ich von einem dieser Ochsenhörner ein Posthorn machen lassen. Wenn man zu Georgi (24.4.) in dieses Horn hineingeblasen hat, dann ist an Michaeli (29.9.) der Hall erst herausgekommen." Und der Richter hat dem Metzger sofort die schöne Taschenuhr überreicht.

Alter Aberglauben

von Pfarrer Holzgartner, Loitzendorf

1. Wenn es in einem Jahr viele „Mouman“ (Kröten) gibt, so müssen viele Leut sterben. So hatte tatsächlich ein Hausbesitzer um 1860 über dem Hauseingang ein Bündel toter, getrockneter Kröten hängen.
2. Im Jahre 1933 erwarb ein Bauer des Seelsorgebezirks Pilgramsberg um 120 Mark (damals viel Geld) ein Horoskopbuch, und er benutzte es auch fleißig.
3. Wenn man mit dem Schwärmen der Bienen Unglück hat, dann muß man einen Schwarm herschenken, um wieder Glück zu haben.
4. Bei der Kalbin, die das erste Kalb gebracht hat, muß man die erste Milch durch ein Brautkranzl oder durch ein Thymianbrautkranzerl melken (Konzell). Ein Mann erzählte: „Unsere Mutter hat die Milch einer Kalbin durch das Brautringl gemolken, so sollte der Kuh und der Milch nie etwas zu schaden kommen.“
5. Am 1. Mai wurden bei einzelnen Höfen rund um den Misthaufen Birkenäste gesteckt zum Schutz gegen Hexen. Auch vor die Stalltür stellte man Birkenstauden.
6. Die alten Leute hatten den Glauben, daß, wenn die Taufe eines unehelichen Kindes nach Ostern oder nach Pfingsten ist, dann kommen schwere Hagel. Darum grantelte man über solche Mütter. Wo nur solcher Glaube seinen Ursprung hat! (Loitzendorf)
7. Gegen die drückende Drud schützten sich abergläubische Leut dadurch, daß sie mit Kreide einen Drudenfuß (fünf- oder siebenzackig) anmalten oder ein feststehendes Messer im Türstock der Schlafkammer befestigten. (Loitzendorf)

Drudenfuß, fünfspitzig
Er muß ohne Absetzen gezeichnet werden.

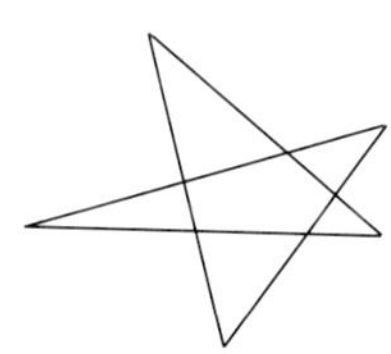

8. Ein anderes Mittel gegen Drutdrücken: einen großen Spiegel anbringen, so daß sich die Drud darin sieht, sie geht gleich wieder fort.
9. Wenn Tauben recht breit im Nest sitzen, drückt sie die Drud. Man soll dort einen Drudenstern anbringen, Wasser aufstecken, dann kommt die Drud nicht in den Taubenschlag.
10. Den Drudenfuß muß man mit geweihter Dreikönigskreide in einem Zug zeichnen und zwar an die Bettstatthaupten (wo man im Bett mit dem Kopf liegt.) So kann einen die Drud nicht drücken. Früher fertigte man

auch einen Drudenfuß aus geweihter Palmgärtenrinde und legte ihn unter das Kopfkissen.

11. Wenn jemand die Drud drückt, und man will wissen wer es ist, so muß man zu ihr sagen: „Komm morgen früh und nimm bei uns etwas zu leihen!". Und sie wird bestimmt kommen und etwas zu leihen nehmen, so kann die Drud dann erkannt werden.
12. Manche sagen: Gegen das Druddrücken soll man das Bett mit „Sperln" (Stecknadeln) vollstecken. Manchmal geht die Drud in Gestalt einer Katz um, und manchmal ist sie auch unsichtbar.
13. Um den armen Seelen einen Liebesdienst zu erweisen, wenn sie etwa umgehen müssen, stemmte man beim Baumfällen drei Kreuze in den Baumstock, dann können sie darauf rasten.
14. Es gab so fromme Leute, die über jedes Bröserl Brot, das ihnen während des Essens zu Boden fiel, ein Kreuzzeichen machten, diese Brotbrösel, so sagten sie, kommen dann den armen Seelen zugute.
15. Früher hatten die Bauern im Frühjahr, wenn es draußen noch zu kalt war, die Singerl (Küken) in der Stube unter der Wandbank. Kaufte man junge Hühner, so mußte man das Tischtuch über das Trittscheibl (Türschwelle) breiten, worüber die Hühner laufen mußten beim Auslauf. So hatte man die Gewißheit, daß sie wiederkommen und nicht davonlaufen.
16. Am Faschingsdienstag mußte man vor Sonnenaufgang mit einem Stecken an die Stadl- oder Haustür schlagen, dann fängt der Fuchs während des Jahres keine Hühner.
17. Die Wirtin der Bahnhofsrestauration Konzell-Süd ging an Ostern mit dem geweihten Osterwasser dreimal rund um den Froschweiher und spritzte fortwährend geweihtes Osterwasser hinein, um die Frösche zum Verstummen zu bringen. Es sollte für den ganzen Sommer geholfen haben.
18. Ein Hufeisen mit allen Nägeln, das man unverhofft findet, hilft gegen die Kinderfrais. Man soll es unter das Bettkissen legen, auf dem das Kind schläft. In Haibach heißt es, ein solches Hufeisen mit allen Nägeln muß man an den Hausfürstbalken nageln, es schützt gegen den Blitz.
19. Wenn man in einem Hof ein besonders kleines Ei findet, so groß wie eine Walnuß, das ist eine Hexerei und würde Unglück bringen. Darum soll man es nicht verwenden, sondern in den Ofen stecken und verbrennen. Es gibt dann immer einen richtigen Schnalz. In Moosbach bei Viechtach zerschlug man solche Hexeneier im Freien mit einer Rute so lange, bis nichts mehr übrig blieb.
20. Wenn jemand stirbt, muß man gleich die Fenster aufmachen, sonst muß die Seele durch den Kamin hinaus. (Loitzendorf)
21. Wenn ein Kind krank ist, muß man eine Sperrkette in die Wiege hineinlegen, dann wird es wieder gesund. (Loitzendorf)

22. Nach alter Sage soll bei der Saxwiese am Totenberg zwischen Gallnerwiese und Streitberg oft ein Schimmel weihezen. Auch zwischen Streitberg und Gossersdorf sollen oft feurige Erscheinungen sein.

23. Wenn ein Zimmermann mit dem ersten Holzdübel beim Zusammenfügen der Dachsparren durchschlägt und sich dabei Rauch entwickelt, so ist dieses Haus zum Abbrennen bestimmt.

24. Wenn die Nachteule oder ein Käuzchen schreit, wenn eine Elster ans Fenster fliegt, wenn eine Henne kräht, wenn der Haushund weint, wenn der Erdschmied (Totenwurm) im Haus klopft, wenn die Turmuhr während der zweiten Aufwandlung „Ganze" schlägt, wenn während eines Gottesdienstes eine Kerze abbricht, wenn der Totenvogel (Elster, Eule) das Haus überfliegt, soll man sofort niederknien und drei Vaterunser beten, denn das alles zeigt den Tod an.

25. Träume in einem neuen Haus gehen in Erfüllung. Traum von einem hellen Feuer bedeutet Glück. Traum von rauchendem Feuer bringt Verdruß.

26. Als Glückszahlen gelten: 2, 4, 6, 8, ...
Als Unglückszahlen gelten: 1, 3, 5, 7, ...

27. Begegnungen am frühen Morgen mit einem Kaminkehrer, mit einem Kind, einem Mann oder Burschen bringen Glück. Begegnungen am frühen Morgen mit einem Weib, mit einer Elster, einer schwarzen Katze bedeuten Unglück.

28. Lichterscheinungen gab es um 1920 bei Loitzendorf noch sehr viele, z. B. beim Dreifaltigkeitsmarterl an der Häng, am Fußweg nach Lahndorf, an der Haidgassen, bei den Totenbrettern, an Marterln, zwischen Rißmannsdorf und Berghaus usw. Es gibt kleine und größere Lichter. Da man diese Lichter meist nur bei Nacht und an heiligen Zeiten sah, denkt man an arme Seelen.

29. 1933 soll bei Eidenschink, Schleißersgrub (?), auf einer Wiese das ganze Heu gestohlen worden sein, ohne daß sie den Täter erwischten. Ein Handwerksbursche gab ihnen den Rat, von dem übriggebliebenen Heu, das gestohlen wurde, sollten sie neun Halme mit drei Teufelsnamen in den Kamin hängen, neun Tage kein Weihwasser nehmen, kein Gebet verrichten, in keine Kirche gehen, dann gehe das Vieh darauf (kaputt), das das gestohlene Heu gefressen hat. Nach dem soll nun wirklich das Vieh des Diebes neun Tage schwer krank im Stall gelegen sein, da sei dieser Dieb zum Simandl vom Oberbrühl gegangen, der ein schwarzes Buch hatte. Dieser sagte: „Sie müssen den Bestohlenen um Verzeihung bitten", dann würde das Vieh wieder gesund. (Von Th. Niedermeier)

30. Die Leute stellen sich vielfach den Teufel vor wie einen Jäger mit grünen Joppen, grünem Hute und Hahnenfeder und Boxfuß. Sie heißen ihn den

„Schwarzen", den „Höllengangerl", den „Wahrigen", den „Hörndlmeier", den „Roßhaxadn", den „Krüglfuchs" und den „Fankerl".

31. Unter den Hexen stellen sich die Leute ein altes Weib mit zerzaustem Haar vor, wie wenn's durch Dornhecken geschlüpft wär, und zaundürr.
32. Bei der Getreideernte wurde gar oft festgestellt, daß quer durch das Feld ein Strich ging, der keine Ähren trug. Die Landsleut hielten das für Teufelswerk, den „Bilmesschneider."
33. Am 20. September 1794 wurde Margarete Wolfin, ledige Kramerstochter, vom Gericht Falkenfels zu einer halben Stunden „Geige" verurteilt, weil sie am Schauerfreitag, den 30. Mai 1794, bei der abgehaltenen Prozession ein Geschwätz vollbrachte.

Gebot Gottes

von Pfarrer Holzgartner, Loitzendorf

1. Als um 1930 die Verehrung des Bruder Konrad zunahm, hat man in hiesiger Gegend die Äußerungen hören können (in den Wirtshäusern): „Jetzt wird die Mutter Gottes von Altötting bald stempeln gehen müssen." (Man bedenke, wieviele damals jede Woche „stempeln" gehen mußten.)
2. Als einmal ein Bettler von Rißmannsdorf beim Verlassen des Hauses Weihwasser nehmen wollte, das Weihwasserkesserl aber leer war, da sagte der Bettler: „Kriegerbauer, da is ja koa Weihwasser drin!" „So", sagte der junge Kriegerbauer, „naha muaß i glei mein Wei sagn, daß a Spülwasser nei schütt." (1931) So derber Spaß wurde gerne gemacht.
3. Bei einer Verhandlung wegen Meineids aus Hunderdorf und Eglsee sagte der Staatsanwalt in Regensburg, daß in keinem Bezirk so leicht so skrupellos ein Meineid geleistet wird, wie in der Gegend von Bogen.
4. Im Jahre 1771 hat die Bauerstochter Anna Eidenschink von der Hofmark Sattelbogen einer anderen Bauerstochter von Streitberg am Heiligen Thomastag in der Pfarrkriche eine Ohrfeige gegeben. Sie wurde nebst ernstlichen Verweises abgestraft mit ein Pfund Wachs zum Gotteshaus zu ein Gulden und 20 Kreuzer.
5. Am Heiligen Andreastag 1776 hat die beklagte Spießlin in dem Gotteshaus Unserer Lieben Frau nach vollendetem Gottesdienst der Magdalena Thannerin einen Stoß gegeben, an sie einschlagen wollen und sie sogar eine Landhur geheißen. Sie äußerte auch noch, wenn sie sie erwische, werde sie sie zerreißen und ihr die Nase abschneiden. Die Spießlin gab das bei der Verhandlung alles zu und sagte, sie sei übermäßig zornig gewesen.

Zur Strafe mußte sie an das Gotteshaus zwei Pfund weißes Wachs geben im Wert von vier Gulden und 34 Kreuzer. Außerdem mußte sie bei der Klägerin Abbitte tun. (Loitzendorf, Dezember 1776)

6. Der Georg Knott, Halbbauerssohn von Kager, hat sich an der Kirchweih zu Loitzendorf erlaubt, das „Piret" (die Haube des Pfarrers) in der Sakristei auf seinen Kopf zu setzen und das Volk während des Gottesdienstes zum Gelächter zu bringen. Er bekam einen Verweis. (1794)
7. Die Anna Auerbeckin hat die Ursula Hierlin, Bäckerin von Rißmannsdorf, am 6. Oktober 1793 in der Kirche angespien von rückwärts und ein Luder und ein Pesttier geheißen. Sie wurde bestraft. (1793)
8. Im Jahre 1777 bringt Waldburga Schinabeckin, verwitwete Austräglerin zu Loitzendorf, wider ihrem ehelichen Sohn Ulrich beim Gericht Beschwerde an, daß er sie ohne Ursach vom Tisch heruntergerissen, mit Schlägen traktiert, nebenbei, als sie auf dem Boden lag, auch über sie gestanden und absichtlich zwei „Furz" getan. „Mutter", sagte der Sohn dabei, „die gehören dir und nichts anderes brauchst du nicht!" Beim Gericht bekam er (nach langem Leugnen) 25 Kartatschenstreiche.
9. Am 10. im Brachmonat (Juni) 1773 ging beim Gericht Mitterfels eine Beschwerde ein, daß ein Kramer zu Loitzendorf sich um seine Kinder sehr wenig kümmere. Seine ältere Tochter wurde sogar in seinem eigenen Haus schwanger. Der leichtsinnige Vater bekam eine Strafe von ein Gulden achteinhalb Kreuzer.
10. Im Jahre 1781 beschwerte sich Herr Pfarrverweser zu Loitzendorf, daß Wolfgang Penzkofer, Müllerssohn von Rißmühle, den 10.8.1781 im Wirtshaus zu Loitzendorf sehr unkeusche Reden und dabei noch gegen den Herrn Pfarrer ungescheut ausgestoßen hat, daß er nach einem solchen Schwarzpfaffen nichts frage. Als Strafe bekam der Müllerssohn zwei Stunden im „Stock" und die Kosten des Gerichts.
11. Im Jahre 1778 wurde Veit Wild, Schmidknecht zu Rißmannsdorf, angezeigt, weil er über die polizeimäßige Zeit hinaus gezecht hat. Außerdem hat er an einem festlichen Tag walzend und schutzend getanzt. Seine Strafe: 34 Kreuzer.
12. Weil Stephan Fischer im Jahre 1774 die Englin eine „rinnaugige Hexe" genannt hat, bekam er eine Strafe von 24 Kreuzer.
13. Margarete Wolf kam im Jahre 1790 mit Maria Jäger wegen eines Burschen in eine Rauferei. Maria Jägerin ohrfeigte die Margarete. Außerdem war das Betragen der Maria Jägerin unter allen Leuten sehr ärgerlich. Maria mußte zur Strafe eine halbe Stunde in die „Geige" und 20 Kreuzer bezahlen.
14. Im Jahr 1775 wurde Hans Engel, Söldnerssohn von Rißmannsdorf, bei Nacht erwischt, als er sich im dortigen Herrschaftsschlosse bei den Dienstmägden im Stall aufgehalten hat. Strafe: 51 Kreuzer.

15. Magdalena Prommersberger, Dienstmagd von Haidhof, hat sich nach Neujahr 1775 schwängern lassen. Als Leichtfertigkeitsstrafe mußte sie einen Gulden und 41 Kreuzer zahlen.
16. Anna Maria Schinabeck von Loitzendorf hat sich mit Hansen Gruber aus Gittsdorf zu Weihnachten im Nachhausegehen vom Wirtshaus fleischlich vereinigt und eines Kindes schwängern lassen. Strafe: zwei Gulden und 17 Kreuzer.
17. Im Wintermonat 1775 hat der Michl Wolf in einem Gartenhaus fremden Menschen bei Tag und Nacht das Unterkommen gestattet, worüber sich schon die ganze Gemeinde beschwert hat. Er wurde mit 34 Kreuzern bestraft, mit der Bedingung, daß, wenn er sich wieder desgleichen erlaubt, er ohne Nachsicht zu fünf Gulden 42 Kreuzer bestraft werden muß.
18. Barbara Dietlerin, Schulmeisterstocher zu Rattiszell, war im ledigen Stand schwanger. Am 1. Juli 1778 erlaubte sie sich in diesem schwangeren Zustand bei einer Hochzeit zu Rattiszell als eine Jungfrau einen Jungfrauenkranz zu tragen. Sie mußte zur Strafe zum dortigen Gotteshaus 2 Pfund Wachs geben.
19. Am 20. Mai 1790 hat sich Johann Wanninger, Söldnerssohn von Rißmannsdorf, mit Barbara Auerin zu Ried heraußer der Kuhstalltür so fleischlich versündigt, daß diese wirklich eines Kindes geschwängert wurde. Strafe: 3 Pfund Wachs und 3 Gulden und 25 Kreuzer.
20. Auf Begräbnisfeierlichkeiten hat früher so manche Bäuerin oder Wirtin viel gehalten.

    Frau Maria Katharina Lanzinger, Wirtin von Rißmannsdorf, hat im notariellen Übergabebrief vom 27. März 1794 folgendes eintragen lassen: „Beim Absterben drei heilige Ämter und drei Beimessen".

    1795 wurden für Frau Waldburga Schambeck, Loitzendorf, folgende Rechnungen gestellt: „Beim Begräbnis Gesang, drei volle Seelenämter. Totenvigil, Grabgesang, jährliches „Denken", macht 11 Gulden, dem Schulmeister (Mesner) für alle Verrichtungen und Provisur (Versehgang) 4 Gulden und 4 Kreuzer. Der Rosenkranzbruderschaft 30 Kreuzer, dem Totengräber 1 Gulden, den Seelnonnen und Kirchbitterinnen 26 Kreuzer, den Ministranten 12 Kreuzer, den Leichenträgern 24 Kreuzer, für Kerzen 15 Kreuzer, der Schreiner für Kreuz und Bahre 1 Gulden und 50 Kreuzer, für 1 Glas Karmelitengeist 24 Kreuzer."

    Eine Anna Maria Zollner, Ausnahmbäuerin, nahm sich 1862 für ihre Beerdigung 6 Heilige Ämter aus zu 25 Gulden und 48 Kreuzer. Vier bis sechs Ämter waren um diese Zeit bei Leichen Erwachsener gewöhnlich.

Altmühldorf in Not und Tod, in Wettertosen und Sturmgefahr, in Schnee und Kälte in 1000 Jahren der Weltgeschichte

746 langwierige Trockenheit, auch grausame Kälte
879 große Trockenheit, worauf Hungersnot, Teuerung und großes Sterben
1038 großes Sterben
1135 starker Wind 4 Wochen lang, so daß Häuser und Wälder eingerissen wurden, große Dürre
1142 Hungersnot
1143 langer Winter, worauf Hunger und Pest
1146 in ganz Bayern sehr große Kälte, es erfrieren Bäume und Feldfrüchte
1170 Unfruchtbarkeit und Hungersnot
1236 ungeheuere Stürme, Häuser und Bäume brechen zusammen, darauf erscheint ein Komet
1270 große Dürre den ganzen Sommer hindurch, darauf Teuerung
1282 großes Sterben bei Mensch und Vieh
1335 Heuschreckenplage, und zwar 4 Sommer hindurch
1349 Pest
1362 ein außerordentlich heißer Sommer, am Nikolaustag setzt ein strenger Winter von 15 Wochen ein
1363 am Karfreitag eine solche plötzliche Wärme, daß innerhalb von 24 Stunden das Eis schmolz, entsetzliche Wasserfluten, dann ein nasser Sommer
1419 ungemein warmes Frühjahr
1432 sehr große Kälte
1435 wiederum: Rehe und Krähen fressen das Futter aus der Hand
1439 sehr viel Schnee, 31 Schneefälle hintereinander
1441 abermals Schneemassen, 37 Schneefälle hintereinander
1442 großer Schneefall, aber fruchtbarer Sommer
1445/46 große Kälte
1447 große Kälte, Hungersnot
1450 große Kälte, die schon 3 Tage nach St. Galli einsetzte
1473 große Dürre
1491 sehr viel Schnee, 31 Schneefälle nacheinander, ist 10 Wochen liegengeblieben
1492 Frieden auf der ganzen Welt
1501 im August Überschwemmung
1513 im April so kalt, daß die Weinstöcke erfroren
1514 sehr kalter Winter

1515 sehr nasses Jahr, es regnete von St. Margaretha ununterbrochen sechs Wochen lang

1517,

1519 und

1527 ist der bayerische Wein im Mai erfroren

1529 nasses, unfruchtbares Jahr

1530 Teuerung

1531 sehr warmer Winter, so daß die Leute kein Schuhwerk brauchten

1532 wieder ein Komet am 5. August, den Schweif gegen Niedergang

1533 Juni bis Juli abermals ein Komet, der größte und lichteste von allen dreien

1537 große Güß, nasses Jahr, darauf ein Winter ohne Eis

1539 nasser Wonnemonat, böser nasser Herbst, in 1 Stunde zweierlei Wetter, warm, unlustig, viel Regen

1540 regnete es im März bis St. Margaretha fast nicht mehr

1542 sehr nasses Jahr

1547 Brechruhrgefahr

1565 großer Eisstoß auf dem Inn, am 16. Februar brach die Innbrücke in Mühldorf zusammen

1570 sehr große Überschwemmung durch den Inn, hernach große Teuerung

1574 Komet vom Korbinianstag bis nach Weihnachten

1585 großes Sterben, Kreuzzüge wallen durch unser Dorf zum Heiligen Sebastian nach Ebersberg

1608 sehr viel Schnee

1618 schlägt der Blitz in den Turm

1625 Pestgefahr

1633/34 die Pest

1641 am 30. April Hochwasser am Inn

1647 vom 12. Dezember an 6 Wochen Regen

1648/50 Pestgefahr

1658 Eisstoß

1663 ziemlich schlechter Schnitt

1662,

1663 und

1664 Hochwasser

1665 fruchtbares Jahr

1670 Eisstoß

1672 kostete der Schäffl Weizen 2 fl., Korn 1 fl., Gerste 1 fl., Hafter 1 fl.

1676 große Feuersbrunst, Kirche und Mesnerhaus sehr gefährdet, ein eigener Dankkreuzgang nach Altötting

1709 strenger Winter, Schauerjahr

1732 Viehseuche
1732 Blitzschlag in Ecksberger Kirche
1740 drei Monate lang furchtbarer Winter
1742 Komet
1750 Cyklon, der Turm der Pfarrkirche wird abgehoben, das Presbyterium stürzt ein
1764 heftiger Sturm
1770 sehr schlechte Ernte, auf der Schranne kostet ein Schäffl Weizen 37 fl, Korn 34 fl., große Bauern konnten nur 4 Schäffl verkaufen
1773 Feuersbrunst
1784 strenger Winter, großer Eisstoß
1795 Teuerung
1799 großer Eisstoß
von 1796 bis 1816 hat es acht Mal gehagelt
1816 wegen Regens völlige Mißernte
1817 große Teuerung (Schrannenpreis), das Schäffl Weizen 80-100 Gulden, Korn 70-80 Gulden, Gerste 45 Gulden
1824 Hagelschlag wie noch nie
1849/50 sehr strenger Winter
1854 Cholera
1879/80 schreckliche Schneemengen
1885 im Mai schwerer Schneefall
1888 sehr nasses Jahr, wenig regenfreie Tage, Kartoffeln alle verfault
1890 Hochwasser
1899 Hochwasser
1900 am 2. Juli Hagelschalg
1909 sehr nasser Sommer
1920 im Januar furchtbarer Sturm, Grabsteine umgeworfen
1922 und
1923 herrschte in Mitteleuropa große Kälte, im Sommer fiel Schnee; in Mitte des Jahres 1922 Kälte und Schnee
1922 in Schweden und Norwegen im Herbst sechs Wochen dauernde Hitze, bis zu 45 Grad
1923 im November und Dezember in Rußland bis zu 22 Grad Wärme, so daß die Obstbäume blühten und das Getreide wuchs. In Italien war um die gleiche Zeit Schnee und Kälte.
1924 fiel im August in Mitteleuropa Schnee, im Dezember war dann sommerliche Zeit
1925 in Januar in Spanien und Frankreich Frühling. Auch in Dänemark und Schweden blühten im Januar die Obstbäume, und das Vieh war auf der Weide

1925 im Juli war in Spanien Winter, so daß die Züge im Schnee stecken blieben.

1926 fiel im Juni und Juli Schnee in Mittelitalien, bis zu zwei Meter tief, und blieb eine Weile liegen.

1926 viel Schnee in Spanien und Nordafrika, bis zu drei Meter hoch

1927 war in Mittelafrika Kälte bis zu zehn Grad unter Null

1928/29 sehr kalter Winter, am Faschingsmontag 30 Grad Kälte

1930 am 23. November heftiger Orkan verursachte schwere Schäden

So, Wanderer geh nun wieder deinen Weg, sei zufrieden mit deinem Los. Kreuz und Unglück haben auf der Welt ein Hausrecht. Es war früher auch nicht alles gut.

Juni, 1931 G. L. Pfarrer

Abgeschrieben am 11. März 1989 von Xaver Pichlmeier, Altötting.

Beim Großvater

aus einem alten Büchlein

Da sitzt einmal ein junges Büberl zu seinem Großvater auf die Ofenbank und fragt ihn recht lieb: „Sag einmal, Großvater, wie ich es anstellen muß, daß ich auch 83 Jahre alt werde und dabei auch noch so rüstig und gesund bin wie du?“ „Na, das kann ich dir schon sagen, wenigstens erzähl ich's dir, wie ich's gemacht hab. Ich hab meiner Lebtag draußen in der frischen Luft gearbeitet und hab auf meine Gesundheit schon von Kindheit ein bisserl geachtet. Wenn ich auch ins Wirtshaus gegangen bin, aber einen Rausch hab ich mir nie angetrunken. Auch das Kartenspielen, das nervlich anstrengt und oft auch Ärger gibt, hab ich meist weggelassen. Überhaupt hab ich den Ärger, soviel es ging, vermieden. Mir hat meiner Lebtag lang das einfache Essen geschmeckt, weil mich mein guter Vater schon als Bub gelehrt hat, daß gerade beim hartverdienten Brot der größte Segen Gottes drauf ist. Ich hab in meiner Kinderzeit gar oft nicht zum Essen beten wollen, meiner Großmutter, Gott selig, hab ich dabei gar nicht gefolgt, bin sogar auch noch frech gegen sie gewesen, wenn sie mir nicht gleich gegeben hat, was ich gewollt hab. Lange hat mein Vater meinen Frechheiten zugeschaut, die ich mir als Dreijähriger erlaubt habe. Aber dann hat er mich gepackt, hat die birkene Rute von der Ofenstange geholt und mich gehörig übergelegt. Ich dummer Bub hab damals wieder einmal, wie so oft, nicht zum Essen beten wollen. „So“, hat der Vater zu mir gesagt, „jetzt kniest dich nieder und bittest deine Großmutter, die dir das Beten so gut beigebracht hat, um Verzeihung.“ Meine Großmutter hat mir sofort verziehen, und als ich mit dem Tischgebet fertig gewesen bin, hat mir die Großmutter ein warmes Essen zum Tisch gebracht. An diese Ordnung habe ich mich von da an gewöhnt und sie bis auf den heutigen Tag gehalten. Und heute danke ich dem lieben Gott von ganzem Herzen, daß er mir eine fromme Großmutter und einen so guten, wenn auch strengen Vater geschenkt hat. Ich bin fest der Meinung, daß es Gottes Segen gewesen ist, der mir zu meinem hohen Alter verholfen hat.“

Beim Blasiussegen

vom Wagner Gust

Am Blasiustag, dem Tag nach Maria Lichtmeß, gibt der Priester in der Kirche seinen Pfarrkindern mit zwei geweihten, über Kreuz gesetzten, brennenden Kerzen den Blasiussegen, der das ganze Jahr über vor Halskrankheiten schützen soll. Da ist nun ein Pfarrer genau vor dem Blasiustag so krank geworden,

daß er einige Tag im Bett hat liegen müssen. Da hat er zu seinem tüchtigen Mesner gesagt: „Den Blasiussegen, den kannst du morgen auch hergeben." Er hat dem Mesner das Sprücherl aufgeschrieben, das er bei jeder Person während der Segnung zu sagen hat: „Durch die Fürbitte des Heiligen Blasius möge Gott dich befreien und bewahren vor jedem Halsleiden." „Wenn du dir den Spruch nicht merken kannst", hat der Pfarrer gesagt, „dann liest du ihn halt bei jedem vom Zettel herunter." Das ist dem Mesner ganz recht gewesen, denn im Auswendiglernen, da hat's bei ihm allerweil schon gehapert.
Er hat also den Zettel mit dem Sprücherl in seine Werktagshose gesteckt. Am andern Tag hat er aber die Sonntagshose angezogen und schön sauber vergessen, den Zettel mit dem Blasiussegen (Blasiussprücherl) aus der Werktagshose zu nehmen. Wie nun die Pfarrkinder haufenweis angestanden sind, um den Blasiussegen zu empfangen, da hat der Mesner in die Hosentasche gelangt um das Sprücherl. Ohweh! Zum Heimlaufen ist keine Zeit mehr gewesen. Und so hat halt der gute Mesner schweren Herzens ein selber gedichtetes Sprücherl gesagt: „I blos die blos (nur) o, weil i mei Verserl in da andern Hosn drinn ho!"

Beim Erdbeerenstehlen

von Hans Kolbeck, Moosdorf

Was man ohne Geld erwischen kann, ist so manchem halt lieber, als was man teuer kaufen muß.
Da hat ein Bauer eine Erdbeerenplantage gehabt, ganz in der Nähe seines Hofes. Die Plantage ist mit hohem Drahtzaun umgeben gewesen. Trotzdem haben es zur Erdbeerreife bei der Nacht drei Burschen gewagt, über den hohen Zaun zu steigen, um sich dort die reifen Erdbeeren schmecken zu lassen. Es hat aber gar nicht lange gedauert, da ist auch schon der Bauer dahergekommen mit einem dicken Prügel. Auweh, auweh!
Mit einem Satz sind zwei der Diebe über den Zaun draußen gewesen, und der dritte ist mit einem Joppenknopf am Zaun hängengeblieben. Alles wilde Reißen hat nichts mehr geholfen, denn der Bauer ist ja bereits vor ihm gestanden mit erhobenem Prügel. Wie der gute Bauer aber gesehen hat, daß sich das Gesicht des Diebes vor Angst weiß färbt, da hat er sich auf seinen Prügel gestützt und hat selber lachen müssen. Er hat dann dem armen Sünder sogar noch geholfen, damit er sich vom Zaun hat loslösen können.

Im Hochholz

von Max Brunner

Zwischen Geraszell und Heilbrunn liegt ein Wäldchen mit obigem Namen. Der Wirt ging nun einmal von Geraszell heim. Lustig, wie der Wirt war, sang er sich ein Liedchen vor. Auf einmal singt drüben im Hochholz auch jemand. Der Heilbrunner ruft: „Geh, geh uma und hilf mir!“ Kaum hatte er ausgesprochen, stand auch schon eine Gestalt neben ihm. Der Wirt erschrak ordentlich und lief heim. Die Gestalt lief aber mit. Beim Feuerhaus nun, wo der Weg nach Großsicht abzweigt, verschwand diese Gestalt spurlos.
Ein Bursche ging einmal nachts von Heilbrunn nach Geraszell. Er rauchte eine Zigarre. Es wurde ihm schon oft erzählt, daß es im Hochholz Geister geben soll. Aber er glaubte nicht daran. Da erlöschte ihm die Zigarre. In seinem Übermute schrie er ins Hochholz hinein: „Geh doch oana owa und zünt ma mei Zigarrl o!“ Er hatte noch nicht ausgesprochen, standen auch schon drei Gestalten neben ihm. Der Bursche wußte nun nicht in seiner Angst, was jetzt

Schneemannbauen macht Kindern Freude

anfangen. Schließlich fing er laut zu beten an. Da ging die mittlere Gestalt auf ihn zu, berührte ihn und sagte: „Das hat dir dein Herrgott in den Sinn gegeben, sonst hätten wir dir deine Zigarre richtig angezündet!“ Worauf die drei verschwanden.

Die „feurigen Männer“

von Max Brunner

Im Volksmunde geht die Mär, daß arme Seelen, die der Erlösung harren, als „feurige Männer“ herumwandeln zum Nutzen der Menschheit. In der Nähe von Hötzelsdorf arbeiteten die Leute in fortgeschrittener Abendstunde noch auf dem Haferfelde. Sie sahen fast nichts mehr. Da kamen drei feurige Männer daher. Ein Arbeiter rief ihnen zu: „Geh doch einer her und leuchte uns!“ Einer von den dreien kam sofort und stellte Leuchte. Die Leute arbeiteten fertig und gingen dann heim. Auch der „Feurige“ ging mit. Man wußte nun nicht mehr, wie man ihn losbringe. Endlich sagte der Bauer: „Nun dank dir's Gott!“ Da gab der „Feurige“ zur Antwort: „Ein Dank dir Gott ist mir noch abgegangen, nun bin ich erlöst!“ Er verschwand.

Ein Dienstknecht von Haunsbach mußte eine Fuhr Hafer nach Roding führen. Auf dem Rückwege wurde es ihm finster, und er wünschte: „Wenn nur ein „Feuriger“ kommen würde!“ Sofort war der Wunsch erfüllt. Ein „Feuriger“ leuchtete bis heim. Endlich sagte der Knecht: „Nun dank dir's Gott!“ Der „Feurige“ sagte darauf: „Ein Dank dir Gott ist mir noch abgegangen, nun bin ich erlöst!“ Und er verschwand.

Eine echte Faschingshochzeit in Reibersdorf

erzählt vom Hochzeitslader Michl Pummer

Fasching wurde früher nie so weit übertrieben gefeiert wie heute. Doch für eine lustige Faschingshochzeit haben sich an manchen Orten Leute mit Humor zusammengetan und haben keine Mühe gescheut, um die nötigen Vorbereitungen zu beginnen. Gleich zwei Hochzeitslader haben sich auf die verschneiten Wege gemacht. Und so ungefähr hat der Einladungsspruch gelautet: „Als Hochzeitslader wohlbekannt bin ich vom Faschingsbrautpaar Matheisl und Wolperl vorausgesandt. Ich geh durch Feld und geh durch Wald, ich grüße jung und grüße alt. I hob koa Ruah und hab koa Rast und such mir einen Hochzeitsgast. Es wird im Gasthaus Hüftlhuber am (N. N.) die Hochzeit sein, da gibt's guats Essn und auch an guaden Wein. Im Auftrag des Brautpaares erlaube ich mir, nun den Einladungsstraußen zeichnen an die Tür. Zugleich mach ich mich recht gefaßt auf einen bestimmten Hochzeitsgast." Den Straußen zeichnet der Hochzeitslader verkehrt an die Tür und dazu den Preis fürs Hochzeitsmahl: 3,33 Mark.

Auch hinterließ der Hochzeitslader jedem Hochzeitsgast noch extra eine Einladungskarte mit folgender Aufschrift: „Einladung zur Faschingshochzeit am (N. N.). Es spielt die Blaskapelle „Tauberer". Trauung auf dem extra schön hergerichteten Misthaufen, gleich neben dem Wirtshaus um 15 Uhr. Mahlgeld 3,33 Mark. Das Brautpaar Matheisl und Wolperl."

Zur Hochzeit wurden über 100 Personen geladen. Schon ab 1 Uhr holten und spielten die Musikanten wie bei normalen Hochzeiten die Ehrengäste schon zusammen. Das ist für die Musikanten gar nicht einfach gewesen. Die Kranzljungfrau zum Beispiel hat sich mit ihrer schönen Kuttn im Hühnerstall versteckt, und die Musikanten haben sie erst suchen müssen. Die Braut ist im Saustall auf einem Schübel Stroh gesessen und der Hochzeiter ganz oben auf dem Dachboden in einem niederen Taubenhäusl. Alle Ehrengäste sind Mannsbilder gewesen. Der Kammerwagen ist im Hof gestanden mit einem hölzernen Zweiradler. Darauf ist eine hölzerne Saukiste gestanden, aus der die Schwiegermutter stolz durch die Latten gelugt hat. Ja, und vor diesen seltenen Verstecken hat die Musik überall aufspielen müssen. Hinter dem Kammerwagen ist ein Knecht mit der „Brautkuh" marschiert, das in diesem Fall eine alte Geiß gewesen ist.

Bevor die Braut den Saustall verlassen hat, hat sie erst noch den Brautsegen bekommen. Dazu ist sie mit einem Federwisch (getrockneter Gänseflügel) mit Wasser besprengt worden. Ja, und nun hat sich der Hochzeitszug in Bewegung gesetzt. Voraus die Organisatoren inmitten einer Schar maskierter Kinder, dann die Blaskapelle, der Kammerwagen, gezogen von zwei geschmückten Rossen, der Brautführer, die zwei Hochzeitslader, die Kranzljungfrau, das Brautpaar (die Braut um einen guten Kopf größer als der Hochzeiter).

Hochzeitsgäste und Schaulustige haben sich hint angeschlossen. Jeder Gast hat ein Bierfilzl um den Hals hängen gehabt, das hat eine Mark gekostet um damit die Unkosten zu bezahlen. Der Hochzeitszug bewegte sich in Richtung Wirtshaus. Beim dortigen großen Misthaufen hat man angehalten. Neben dem Misthaufen sind an einem Obstbaum große Kuhglocken gehangen mit herabhängenden Heuseilen. Der Mesner hat mit aller Kraft die Trauung eingeläutet. Auf dem Misthaufen ist ein schlechtgedeckter Tisch gestanden. Damit die Ehrengäste nicht direkt auf dem Mist haben stehen müssen, hat man um den Tisch herum alte Bretter ausgelegt. Wie der Pfarrer mit der Trauung hat beginnen wollen, hat er gleich gemerkt, daß noch keine Ministranten da gewesen sind. Die sind im nahen Stadel im Stroh umeinandergekugelt. Voller Stroh und Heu auf den Köpfen haben sie sich dann neben den Pfarrer auf den Misthaufen gestellt. Der Pfarrer hat nun mit einer kurzen Ansprache begonnen: „Hart und lang war der Weg, bis sich das Brautpaar zusammengefunden hat und nun endlich in Liebe und Treue vereint werden kann. Die Liebe der Braut zu ihrem Bräutigam aber überstand alle Hindernisse. Nicht leicht war für den Bräutigam das heutige Erscheinen, war er doch in nicht weniger als 66 Bräute verliebt. Von denen mußte er nun schweren Herzens 65 abschütteln. Das war nicht einfach. Die nun 65 sitzengebliebenen sind sehr eifersüchtig und drohen dem Bräutigam mit Schlägen." Nun aber hat der Pfarrer die Trauung begonnen: „So frag ich halt jetzt an Bräutigam ganz laut: Willst Du lieber Matheisl die Wolperl als Braut?" Der Bräutigam nach kurzer Pause: „Ja!" „Willst Du ihr verschönern das Leben und ihr stets den Hausschlüssel geb'n?" „Ja!" „Ich frage nun auch Dich, Wolperl, willst Du Deinen Matheisl stets versorgen mit Bier?" „Ja!" „Willst Du ihn lieben die ganze Faschingszeit und darauf achten, daß er koan Durst nöd leid?" „Ja!" „Willst Du ihm stets untertänig sein und ihn verwöhnen mit Kuchen und Wein?" „Ja!" „So sag ich Euch dös oanö: Da (Datum des Tages) is heut und Ihr könnts beinandableibn so lang wias Euch gfreid!"

Nun schrien einige ehemalige Bräute vorwurfsvoll auf das Brautpaar ein. Den Brautleuten hat man nun Hühnerfußringel an die Finger gesteckt, und der Pfarrer hat ihnen die Hände extra noch mit einem Kalbsstrick zusammengebunden. Die Braut aber hat sich zum Hochzeiter dauernd recht lieblos benommen. Zum Brautsegen hat der Pfarrer einen Federwisch (Gänseflügel) in ein gefülltes Weißbierglas getaucht und das Brautpaar ausgiebig bespritzt. Nach Abschluß der Trauung sangen der Brautführer und der Hochzeitslader recht gspassige Schnaderhüpfl. Die Musikkapelle hat nun vom Misthaufen weg zum Wirtshaus gespielt. Vor der Wirtshaustür ist's nochmals ans

Schnaderhüpflsingen gegangen. Auf dem Tanzboden angekommen, sind gleich die Braut- und Ehrentänze aufgespielt worden, recht komische natürlich. Zum Hochzeitsmahl hat's Weißwürstl gegeben, und nachher ist's auch gleich ans „Danken" gegangen. Die Gäste hat man alle einzeln aufgerufen. Man hat auf das Wohl des Brautpaares getrunken, auch Kleinigkeiten geschenkt.

Um Mitternacht hat man mitten auf dem Tanzboden einen Tisch aufgestellt, an dem hat ein Richter Platz genommen. Der maskierte Richter hat nun die Scheidung vorgenommen mit spaßigen Sätzen. Der Erlös aus der Faschingshochzeit wurde für einen guten Zweck verwendet.

Kaum zu glauben

von Gabi Kerscher

Da hat sich in der Gäubodenstadt Straubing einmal was Seltenes zugetragen. Bei einem reichen Firmenbesitzer ist schon mehrere Tage ein recht schöner schneeweißer Hase frei im Obstgarten herumgelaufen. Dieser Hase ist ein großer Liebling der ganzen Familie gewesen. Nicht um teueres Geld hätte man an einen Verkauf gedacht. Der Herr Nachbar ist im Büro des Firmen- und Hasenbesitzers Sekretär gewesen, und er war im Besitze eines scharfen Hundes. Und dieser Hund hat halt Tag für Tag hinübergelauert auf den schönen schneeweißen Hasen. So ist es also kein Wunder gewesen, daß sich der Sekretär und Hundebesitzer täglich Sorgen gemacht hat, ob nicht eines Tages sein Hund diesen Hasen doch noch umbringen würde. Und wie er sich's gedacht hat, so ist es zum großen Schrecken auch gekommen. Eines Tages kommt der Hund aus des Nachbars Garten gerannt und hat im Maul den weißen Hasen hängen. Das heißt: richtig weiß ist er gar nimmer gewesen, sondern rundum voller Dreck. Mein Gott! Der Hund wird den Hasen halt eine Zeitlang herumgewuzelt und -geworfen haben, bis er sich nimmer gerührt hat. Was wird das nun werden? Ausgerechnet war dieser Hase der Liebling seines Arbeitgebers. Man hat den dreckigen Hasen beim Sekretär voller Aufregung ins Haus getragen und hat ihn erst einmal aufs sauberste gewaschen und am Ofen getrocknet. Wenn nur um Gottes Willen der Nachbar von diesem Vorfall nichts merkt! Um Mitternacht hat sich der Sekretär mit dem blitzblank gewaschenen Hasen zu seinem Chef hinübergeschlichen und hat den toten Hasen in dessen Schupfe gelegt. Aber nun wird's interessant. Am andern Tag, als der Sekretär mit schlechtem Gewissen zu seinem Chef ins Büro gekommen ist, da hat ihm dieser gleich einen Stuhl hingerückt und ihm etwas aufgeregt geboten, Platz zu nehmen. Der Sekretär ist ganz weiß geworden und hat an sonst nichts gedacht als an eine richtige Strafrede. Aber es ist ganz anders gekommen: „Stell dir einmal vor, Nachbar", hat der Chef angefangen, etwas aufgeregt zu erzählen, „bei uns geht es nicht mehr mit rechten Dingen zu. Vor zwei Tagen ist uns unser allerliebster Hase tot geworden, und wir haben ihn sofort im Garten vergraben. Heut früh, wie ich nun unser Schupfentürl aufmach, liegt der Has, stell dir vor, schön sauber, wie gewaschen, in der Schupfe. Was sagst jetzt dazu, Herr Nachbar?" Der Sekretär hat momentan gar nichts gesagt, aber er hat sich das Seine leicht denken können. Sein Hund hat also den Hasen im Garten des Nachbarn ausgescharrt samt dem Dreck und ihn in seine Hütte getragen.

Vom Gerüst gefallen

von Michl Schneider

Unsagbar abgehärtet sind die alten Waldler gewesen. Da ist in der Miltacher Gegend einmal ein Bauer vom Stadelgerüst heruntergefallen. Trotz des Unglücks hat er das Glück gehabt, daß ihm kein Knochen gebrochen ist. Aber alle Knochen hat es so derprellt, daß er momentan kaum noch stehen hat können. Wie sich der Bauer so hin und her krümmt vor Schmerzen, da geht grad der Nachbar vorbei und sagt: „Jackl, bist äbba goa vom Grüst owagfalln?" Und weil der Jackl grad voller Schmerz gewesen ist, da hat er voll Wut zurückgeschrien: „No, hinauf wiare kaum gfalln sei!"

Druden und Brettlsteiger

von Max Brunner

Wenn der Geistliche bei den Taufzeremonien eines weiblichen Wesens ein Wort ausläßt oder falsch spricht, ist es verdammt, zeitlebens eine „Drude" zu machen. Wird nun bei der Taufe eines männlichen Wesens etwas übersehen durch den Pfarrer, so wird es ein „Brettlsteiger". Die Drud kommt bei Nacht zu Menschen und drückt sie ganz verdammt her (Alpdrücken).

Es ist hier Sitte, daß die Mädchen jeden Abend in einem anderen Haus zum Spinnen zusammenkommen. Die Höhenberger Mädchen gingen auch einmal abends heim. Ein Mädchen blieb zurück und kam lange nicht mehr nach. Die anderen gingen weiter und kamen zu einem Haus. Sie hörten aus dem Haus Ächzen und Stöhnen. Wie sie näher hinschauen, lehnte der Körper des

Hühner, die noch eine freie und gesunde Laufbahn haben

Mädchens, welches zurückblieb, wie tot an der Haustüre. Der Geist marterte oben den Knecht her. Sie wußten nun, daß eine „Drude" ihr Unwesen trieb. Den Körper durften sie nicht anschreien, sonst wäre er wirklich gestorben.
Der „Brettlsteiger" dürfte Verwandtes haben mit einem Mondsüchtigen. Er muß während der Nacht aufstehen und stundenlang auf dem Dach umherwandern.
Ein Bauer aus der hiesigen Umgebung hatte einen Knecht. Es kam oft vor, wenn der Bauer ihn in der Frühe rief, daß der Knecht keine Antwort gab und verspätet und müde zur Arbeit kam. Zur Rede gestellt antwortete er: „O mei, Bauer, i woaß ja nöt, wo i bin, wenn du schreist. I bin gar nöt richtig da!"

Vom Umgehen

von Max Brunner

In Ederöd ist's nicht ‚geheuer' (nöt sauber)", sagt das Volk.
Die Mutter des Hauses schöpft Wasser. Da hört sie hinter dem Hause, im Walde, ein erbärmliches Kindergeschrei. Sie ruft den Vater, und beide gehen dem Geschrei nach. Immer ganz nahe hören sie das Geschrei, aber sie kommen nicht hin. So werden beide bis gegen Höhenberg geführt. Da sagte die Alte: „Geh, Alter, kehr ma um, dös is nix g'scheits!" Am andern Tag wollte die Frau im Nebengebäude das Korn umschaufeln. Wie sie hinkam, hörte sie schon jemanden kehren und schaufeln. In der Angst lief sie zum Manne. Der ging nun hinein und kam aber bald wieder heraus, ganz blau im Gesicht. Er wurde ganz fürchterlich gedrosselt. Eine Frauenperson, die Maurer Wabn, zog mit ihrem unehelichen Kind in dieses Nebenhaus. Die fürchtete nichts. Während sie ihr Kind wiegte, wurden die Türen gar heftig zugeschlagen.

Mädchen beim Füttern der Waldvögel

In den alten Dorfwirtsstuben

Auf der Hofseite waren die Dorfwirtshäuser meist von Linden- oder Kastanienbäumen umgeben. Von der bäuerlichen Bevölkerung wie auch von Wanderern waren sie geachtet. Fast bei jedem Landwirtshaus war ehers noch eine hölzerne Kegelbahn dabei, wo noch nach altem Brauch gekegelt wurde. An Sonn- und Feiertagen ist es da recht lebhaft zugegangen. Bauernburschen und Knechte haben da gern ihre wenige Freizeit verbracht. Schon von weitem hat man sie scheppern hören, die hölzernen Kugeln, die aus Birnbaumholz gedrechselt waren.

Eine Mordsfreude war es für die Kegelbuben, wenn sie sich durch das Aufstellen der Kegel einige Kreuzer konnten. Bei der Unterhaltung ist es meist ums häusliche Leben gegangen, über Wirtschaft, Viehstand, Preise, übers Wetter und was es halt sonst Neues gab. Das Bier kostete um 1860 noch sechs Kreuzer die Maß, und um 1900 nicht mehr als 20 Pfennige. Brotzeit, Geselchtes, Blut- und Leberwürstl, Preßsack und einen Keil Schwarzbrot hatte fast jeder Bauer selber von daheim mitgenommen und in der Joppeninnentasche stecken. Auch ein langes Messer hatte jedes gstandene Mannsbild im Messersack.

Brotzeit machte jeder nach Belieben auf der blanken Tischplatte. Waren doch die Wirtsstubentische meist aus dem unverwüstlichen Eichenholz gemacht. Der Wirt dachte sich nichts dabei, denn es war halt so Brauch. Er war froh, wenn sich einige neben dem Bier eine gute Sulz kauften, die um 1900 nicht mehr als 20 Pfennig kostete. Es ist fleißig geschnupft worden, und das Schmaiglasl hat man von Tisch zu Tisch wandern lassen. Das machte man deshalb gern, weil jeder einen anderen Geschmack an seinem selbstgeriebenen Tabak hatte. Es ist Karten gespielt worden, und nach der dritten Maß hat man bereits angesetzt zum Singen. Bei der fünften Maß freilich ist leider so mancher rauflustig geworden, und es ist gar oft zu bösen Raufereien gekommen. Gemeinhin aber herrschte Gemütlichkeit, die uns heute fehlt. Der Wirt bewahrte religiöse Sitte. Beim Gebetläuten betete er meist selber den Engel des Herrn vor, und niemand erlaubte sich zu stören.

Vor hundert Jahren

In Bogen wurden im Jahre 1895 von einem unbekannten Mann besondere Vorkommnisse aus demselben Jahr aus der weiten Umgebung aufgeschrieben:

Januar

Aus allen Gegenden und Ländern, selbst Italien, Afrika und Spanien, wird über Schneestürme geklagt. Eisenbahnzüge bleiben stecken. Durch den vielen Schnee wurden in Italien, Afrika und Galizien Menschen von Wölfen aufgefressen. In der Oberpfalz sind bereits bis Ende Januar 20 Personen im Schnee umgekommen. Rebhühner kommen vor Hunger zu den Gärten, zu den Häusern und sogar in die Häuser.

Februar

Am 14. Februar großer Eisstoß auf der Donau. In Sand bei Straubing geht das Eis über die Donau.
Aus Amerika, Schweden und Dänemark kommen Nachrichten über schreckliche Kälte. Städte sind verschneit. Eisenbahnen sind nicht mehr in Betrieb.

März

Am 19. März (Josephi) ging in Sand bei Straubing der Eisstoß.
Am 23. März war die Donau eisfrei.

April

Am 3. April ging am Schlagwerk der Bahn die Arbeit wieder an.
Am 14. April glänzt noch viel Schnee aus den Waldbergen.
Am 15. April haben die Bauern erst Sommergerste gebaut.
Am 18. April Erdäpfel gelegt.
Am 19. April im Wurzgarten Samen gebaut und Zwiebeln gesteckt.
Am 25. April sieht man keinen Schnee mehr im Vorwald.
Am 26. April ist in Amselfing beim Anner (Ammer?), früherer Strohmeier, nachts um drei Uhr der ganze Hof abgebrannt, dabei sind zwei Kinder mit zwei und dreieinhalb Jahren verbrannt.

Mai

Am 1. Mai warmer Maitag.
Am 9. Mai Wirsingpflanzen gesetzt.

Am 15. Mai hat der Blitz in Bogen in eine Telegrafenstange eingeschlagen und hat sie zerfetzt. Der Blitz fuhr auch noch in die Station zu Bogen.

Außerdem hat der Blitz an fünf Plätzen eingeschlagen.

Am 28. Mai in Erding großer Wolkenbruch.

Juni

Am 8. Juni die letzten Äpfel gegessen.

Am 18. Juni Lorenz Josef verhandelt wegen Falschmünzerei. (Nachmittag um drei Uhr).

Am 13. Juni abends wurde auf der Kegelbahn wegen einer Maß Bier gestritten und dann gerauft. Der Knecht des Wirtes nahm aus der Küche das Tranchiermesser, stach es dem nichtbeteiligten Meier von Bogen in den Rücken bis auf die Lunge und drehte das Messer beim Herausziehen um.

Einen andern schnitt er die beiden Pulsadern und Flachsen ab und einen dritten stach er in den Arm.

Am Johannitag (24.6.) ist der Pfarrer von Bogenberg auf der Kanzel sehr krank geworden.

Juli

Am 5. oder 6. Juli wurde im Pfarrhof Bogenberg eingebrochen, nichts erwischt.

Am 15. Juli wurde in Bogen der Bahnbau besichtigt.

Am 14. Juli ging das Kornschneiden an.

Am 29. Juli Nachmittag drei Uhr war in Straubing und Geiselhöring ein schrecklicher Sturm.

Fast jedes Haus wurde beschädigt, die stärksten Linden und Bäume abgebrochen und ausgerissen. Von auswärts mußten Taschen geholt werden. Fast alle Fenster wurden eingeschlagen und das Turmkreuz gebogen.

Abends um sieben Uhr hauste es in Waldkirchen ebenso.

August

Die Leute müssen dem Wetter das Getreide stehlen.

Vom ersten bis zehnten August die Orgel gestimmt und geputzt vom Orgelbauer Hechenberger in Passau, kostete beinahe 1000.– Mark.

Am 27. und 28. August kamen von Aidenbach irrtümlicherweise Beileidsbriefe über mein Ableben.

September

Die lange Trockenzeit macht im ganzen Land viel Schaden. Krauthäupl gibt es fast keine.
In Landshut kostet das Hundert 6-10 Mark.
Die Leute können nicht ackern und eggen und nichts anbauen, sie müssen immer Schrollen schlagen.
Die Bäche sind äußerst klein, und die Donau hat so wenig Wasser, daß kein Schiff mehr fahren kann.

Oktober

Am 6. Oktober sah man den Arber, Rachel und Lusen mit Schnee bedeckt. Auch die Tiroler Berge sind schon weiß.
Am 6. Oktober sind in Alburg 17 Firste abgebrannt.
Am 8. Oktober ist Trieching abgebrannt.

November

Die Leute treiben noch das Vieh aus.
Am 21. November mähen sogar manche noch Gras und bringen es heim.

Dezember

Nichts.

A saubere Andacht

aus einem alten Kalender

Da war also eine Kleinbäuerin, und weil sie sich keine Ehehalt hat leisten können, so hat sie halt die viele Arbeit im Haus und Hof und im Stall selber machen müssen. Jeden Sonntag ist sie nach der Stallarbeit in die Frühkirche gegangen. Einmal, da ist es ihr besonders dick eingegangen. Sie ist noch bei der Kuh am Melkstuhl gesessen, da hört sie schon die Glocken zur Frühmesse läuten. Nun ist es aber eilig geworden. Alles hat sie nur noch so fliegen lassen. Am Wassergrand auf der Gred, da hat sie sich schnell noch ein wenig ausgewaschen, und dann ist sie in die Kammer gerannt zum Umziehen. Nur gut, daß die Glocken immer ziemlich lange geläutet haben. So ist also die Bäuerin schon über den Hof hinausgerannt, wie die letzten Glockenschläge verklungen sind. Aber halt, da fällt ihr grad noch ein, sie hat ja noch kein Gebetbüchl im Tascherl. Und so ist sie voller Aufregung nochmals zurückgerannt in die finstere Kammer. Da ist ein Stückerl Geselchtes in der Form eines Meßbüchleins am Fenster gelegen. Irgendeines aus der Familie hat das durch Zufall hingelegt. In der großen Eile langt halt die Bäuerin auf das schwarze Stückl hin und hat dabei nichts anderes geglaubt, als sie hat das Gebetbüchl, und schon hat sie es in ihr Handtascherl gesteckt. Und dann ist sie gerannt was sie können hat zu der Kirche. Ihre Hände waren kohlschwarz geworden von dem Geselchten. Die Bäuerin aber hatte davon keine Ahnung. Und wie sie dann endlich zur Kirchentür hineinrumpelt, da ist der Herr Pfarrer schon auf dem Predigtstuhl oben gestanden. Obwohl die Kirchenstühle alle voll gewesen sind, hat sich die Bäuerin noch in einen mit Gewalt hineingedrückt. Und weil sie beim Stuhlhineindrücken hat Gewalt anwenden müssen, haben halt die Leut alle auf sie geschaut und auch der Herr Pfarrer. Wie nachher die Bäuerin endlich im Kirchenstuhl gesessen ist, da hat sie sich als allererstes mit den zwei Händen den Schweiß aus dem Gesicht gewischt und schon hat ihr Gesicht geglänzt wie das eines Rauchfangkehrers. Alles um sie herum hat angefangen zum Lachen. Wie aber dann die Bäuerin als nächstes auch noch das Meßbüchl aus dem Tascherl hat gezogen und hat es recht andächtig vor sich auf die Kirchenbank gelegt, da hat sich sogar der Herr Pfarrer auf dem Predigtstuhl droben nimmer halten können vor Lachen. Die Bäuerin aber hat sich überhaupt nicht denken können, was denn die Lacherei bedeuten soll. Gespannt hat sie es dann aber gleich, wie die Predigt ausgewesen ist, wie alle niedergekniet sind und wie sie auch, wie alle anderen, umblättern hat wollen in ihrem Meßbuch.

Beim Zwetschgenstehlen

vom Eidenschink, Maierhof

Als nach dem Ersten Weltkrieg recht arme Zeiten gewesen sind, da sind junge Burschen, meist Knechte, bei Nacht gern zum Kirschen- und Zwetschgenstehlen gegangen. Da sind nun in Maierhof am Riedelswald bei der Nacht einmal einige Burschen fort um sich reife Zwetschgen zu holen. Da hat sich auf einmal ein schneeweißer Mann genähert aus dem Wald. Die Burschen sind vor Schrecken von den Bäumen gesprungen und haben sich versteckt. Vom Versteck aus haben die den weißen Mann beobachtet und sind ihm nachgeschlichen. Vorm Stubenfenster des Baumgartner im Maierhof ist dieser weiße Mann stehengeblieben und hat mit einer Laterne durchs Fenster hineingeleuchtet. Dann ist er wieder weiter gegangen. Den Zwetschendieben ist ganz zweierlei geworden, und sie sind heimgegangen. Drei Tage darauf ist der Baumgartner-Bauer in noch recht jungen Jahren gestorben.

Das Kind in der Mauer

von Zenzl Ellmann

Gut hundert Jahr ist es schon her, da hat in Altrandsberg ein Bäckermeister mit seinen Gesellen jahrelang kein Glück mehr gehabt. In der Kammer, in der die Gesellen geschlafen haben, ist nämlich jede Nacht eine schwarze Frau erschienen, hat sich in die Ecke gestellt und hat geweint zum Gotterbarmen. Und so versteht sich, daß dem Meister ein Geselle nach dem andern davongelaufen ist. Da hat sich nun der Bäckermeister einen ganz furchtlosen Gesellen eingestellt. Aber auch dieser hat jede Nacht die gruselige Erscheinung gehabt. Dem furchtlosen Gesellen hat diese Frau sehr erbarmt. An einem Morgen haben nun Meister und Geselle angefangen, an der Stelle, wo die Frau alle Nacht geweint hat, ein Loch in die Mauer zu schlagen. Kaum hatten sie begonnen, sind auch schon kleine Knochen zum Vorschein gekommen. In der Mauer war eine Nische, und darin ist das Skelett eines Kleinkindes gelegen. Man hat nie erfahren, warum das Kind in die Mauer kam. Die Gebeine brachte man zum Friedhof, und die weinende Frau ist nimmer erschienen.

Alte Hochzeitsbräuche

von Pfarrer Holzgartner

Die Zahl der Eingeladenen wurde früher nach Tischen berechnet. Pro Tisch zehn Personen. Es bestanden über die Zahl der Gäste, die eingeladen werden sollten, sogar bestimmte Verordnungen. Sogar beschränkt wurde die Zahl. So heißt es in einer Kostenrechnung Mitterfels 1590: „Lorenz Nästinger (?) am Großn Feld hat eine Hochzeit in Landorf zu 56, also um 6 Personen, zu groß gehalten."

In den meisten Fällen wird die Weihe des Kammerwagens, besonders der Brautbetten, erbeten, die der Priester meist vor der Verladung auf den Wagen am Tag vorher vornimmt.

Der Kammerwagen wird im obigen schönen Zimmer zur allgemeinen öffentlichen Besichtigung aufgestellt.

Wenn die Braut einzieht ins neue Heim muß sie den Schwiegereltern, den Geschwistern des Bräutigams und den Dienstboten Geschenke mitbringen: Stoffe, Hemden und so weiter.

Ein Polterabend am Tag vor der Hochzeit war hier (in Loitzendorf) nicht Brauch.

(Ich persönlich konnte aus der Gegend von Harrling bei Cham von Polterabende in kleinem Rahmen erfahren, bei denen es aber ziemlich derb zuging.)

Wenn die Mutter der Braut zur Hochzeit geht (meist erst abends), so sagt man: „Sie trägt s'Kreuz mit" (das die Braut nun zu tragen hat).

Vor der Trauung am Vormittag gibt's im Wirtshaus die „Gaglhenn". In einem Protokoll wird erwähnt, daß eine gesamte Gaglhenn 1797 10 Gulden kostete. Bei der Gaglhenn gab's Suppe mit Leberwürstl, manchmal sogar Schweiners mit Kraut. Es war verschieden.

Bei der Trauung legt die Näherin dem Priester am Altar eine Zitrone nieder, in der ein Rosmarinstrauß steckt. Außerdem legt sie auf einen Teller zwei Mark.

Wenn ein Elternteil des Brautpaares schon gestorben ist, dann wird nach dem Gottesdienst zum (aufs) Grab gegangen. Es wurde dort laut ein Vater Unser vorgebetet, und die Musikkapelle spielte einen Trauermarsch oder ein Trauerlied.

Im Wirtshaus wurde früher dreimal gegessen: mittags, nachmittags 3 Uhr und abends 8 Uhr.

Am Samstag nach der Hochzeit fährt das junge Paar zur „Glückssuppe" zu den Eltern der Braut.

Alte Hochzeitssprüche:

Wenn es am Hochzeitstag regnet, werden die Brautleute reich.

Wenn der Brautschleier sieben bis acht Löcher bekommt (am Hochzeitstag), wird die Ehe glücklich.

Wenn beim Kammerwagenfahren was passiert, gibt's Unglück in der Ehe.

Wenn die Kerzen bei der Trauung ruhig brennen, werden die Eheleute sich gut vertragen.

Wenn am Hochzeitstag zufällig einen Kindsleiche ist, und es ist ein Bub, der im Sarg liegt, so stirbt der Hochzeiter zuerst; ist's ein Mädl, so stirbt die Braut zuerst.

Wer von dem Brautpaar nach der Rückkehr von der Kirche im Wirtshaus den Bierkrug zuerst erwischt, wird als das flinkere auch im Haus daheim regieren.

„Leut, wos will i denn sagn,
i woaß ma nimma z'ratn,
mei Kopf fang zum surrn o,
weil i lauters Stroh drinn ho."

O, diese Räuberknödl

Mein Vater ist ein tüchtiger Werkzeugschmied gewesen, und er hat unter anderem auch über 40 Jahre im Steinbruch Mösch und Raab als Schmied gearbeitet. Ich war bei meinem Vater Lehrling. Im Frühjahr 1944 war mein Vater schwer am Magen erkrankt. So wurde vorübergehend ein Schmied aus Moosbach mein Lehrmeister. Ich hab mich mit ihm, da er auch ein großer Naturfreund war, sehr gut verstanden.
Da sein Weg zum Steinbruch sehr weit war, nahm er sich das Mittagessen täglich von zu Hause mit. Das Fleisch war während des Krieges rar, und so machte ihm seine Frau zum Mitnehmen drei Ritschiknödl (Räuberknödl). Bis es aber Mittag wurde sind die drei Knödel blau und hart (spintig) geworden. Jeden Mittag nun, wenn mein Meister seine drei Knödel hat hinuntergewürgt mit Sauerkraut oder mit Schwammerlbrüh, hat er über die harten Knödel gejammert. So 14 Tag hat er durchgehalten, dann aber ist ihm die Geduld doch ausgegangen. An einem Mittag hat er die drei Knödel, einen nach dem andern, mit der Hand aus dem Essenkannerl gezogen und hat einen nach dem andern mit aller Wucht an die Schmiedewand geworfen. Die drei Knödl sind tatsächlich zurückgeflogen wie Gummibälle.

Alles was recht ist

von meinem Vater

Beim Steinbruch Neurandsberg (Wirtsbruch) ist vor Jahrzehnten eine große Betriebskantine gestanden. Die Steinhauer, die zum Mittag nicht heimgehen konnten, haben sich da ihr Mittagessen warm machen können. Die tüchtige Kantinenwirtin (die Annerl) hat für einige Steinhauer sogar ein Mittagessen gekocht. Nun, die Steinhauer waren bekannt als lustige Leut, es waren aber auch einige darunter, die unschöne Stückl geliefert haben. Drei Steinhauer haben da mit der Kantinenwirtin abgemacht, sie wollen einen Stallhasen stiften, und die Wirtin solle daraus eine gute Brühe für die Steinhauer herrichten. Die drei haben am andern Tag den versprochenen Hasen bratfertig mitgebracht. Die Wirtin hat ihn gekocht, in Würferl geschnitten und eine gute gewürzte Brühe daraus gemacht.
Wie dann am Mittag die hungrigen und durstigen Steinhauer zum Essen angekommen sind, hat die Wirtin gleich gefragt, wer kostenlos einen Teller voller Hasenbrüh essen mag. Die meisten haben einen Teller voll verlangt und grad geschmeckt hat's ihnen. Die drei Hasenstifter hatten sich in der Nähe der Türe aufgehalten. Wie dann alle mit dem Essen der Brühe fertig waren, sich mit dem Ärmel den Mund abgewischt und der Wirtin auch noch „Vergelt's

Gott“ gesagt haben, fingen die drei edlen Spender in Singtönen an: „Miau, miau“. Alle, die von dieser Katzenbrühe gegessen hatten, sind ganz wild geworden. Nur gut, daß die drei Übeltäter gleich Reißaus gemacht haben. Einige Tage haben sich die drei in entlegenen Wirtshäusern aufgehalten. Als sie sich nach einigen Tagen wieder im Steinbruch sehen ließen, waren die andern schon wieder so ziemlich beruhigt.

Allerseelen

vom Wagner Gust

Es ist am Allerseelentag 1933 gewesen, wo doch die Toten alle Jahr auf der Welt herumwandeln dürfen. Ich hatte mir in einem Wirtshaus einige Halbe übergelegt. Wie ich dann kurz nach Mitternacht heimgeh, da seh ich so 50 Meter vor mir eine Frau gehen mit Krücken. Es ist Vollmond gewesen, so hab ich mich also nicht täuschen können. Ich hab mir weiter sonst nichts gedacht als „jetzt bekomm ich für den Heimweg einen Gefährten“. Obwohl ich meine Schritte immer länger gemacht hab, hab ich diese Frau nicht einholen können, trotz ihres behinderten Gehwerks. Auf einmal hat sich diese Frau vor einem am Weg stehenden Feldkreuz niedergekniet. Sie hat ihre zwei Gehkrücken in die Höh geschwungen, hat zum Himmel hinauf geschaut und laut gerufen: „Wenn ich doch endlich da oben wär!“ Und dann ist sie sofort spurlos verschwunden. Wenn ich das nicht alles selber gesehen und gehört hätt, tät sich es auf keinen Fall glauben. Ich bin selbige Nacht nicht zum Schlafen gekommen. Und wie ich in der Früh aufgestanden bin, haben mich gleich alle gefragt, was mir fehlt, weil ich so käsweiß und aufgeregt bin. Diese Frau ist gewiß eine arme Seel gewesen, die den Himmel angerufen hat um Erlösung. Vielleicht hätt ich sie auch mit einem kleinen Gebetl erlösen können.

Im Haus geht's um

von Peter Dietl

Was ich dir jetzt erzähl, das wirst du am End gar nicht glauben wollen, aber es ist wahr. Unser Haus steht auf dem uralten Friedhof von der einstigen Pfarrei Kreuzkirchen. In unserm Haus ist noch nie eine richtige Ruhe gewesen, denn weihezn tut es immer wieder. Da scheppert es manchmal bei der Nacht, daß man glaubt, alle Möbel sind umgefallen. Wenn dann meine Eltern angst-

voll und vorsichtig aus dem Bett gekrochen sind um nachzuschauen, dann ist alles in bester Ordnung gewesen.
Einmal ist meine Mutter in der Schlafkammer bei der Nacht wach geworden und hat ganz deutlich gesehen wie ein Lichtlein aus dem Keller auf sie zukommt. Das Licht aber ist gleich wieder verschwunden. Recht bald darauf ist mein Vater schwer krank geworden und im Krankenhaus in Mitterfels gestorben. „Dieses Lichtlein", hat dann die Mutter gesagt, „hat sicher den Tod des Vaters angemeldet." Was weiß man schon? Solche Andeutungen hat es ehers viele gegeben. Heute will freilich an solche Erscheinungen bald niemand mehr glauben, warum sie aber nicht daran glauben, das wissen sie selber nicht.

Ein mondsüchtiger Knecht

von Peter Dietl

In Schieda bei Mitterfels hab ich einen Knecht gekannt, der ist mondsüchtig gewesen. Einmal ist er bei Nacht aufgestanden, hat im Hemd Sense und Rechen aus der Schupfe geholt und ist auf die Wiese hinaus zum Futtermähen. Er hat auch alles zusammengerecht zu Haufen. Dann ist er mit seinem Werkzeug wieder heimgegangen und hat sich ins Bett gelegt. Am andern Tag in der Früh hat er die Rinder im Stall gefüttert und ist dann, wie jeden Tag, zum Futtermähen auf die Wiese. „Ja, wer hat denn da heut das Futter hergerichtet?" hat er dann zum Bauern gesagt. Und wenn ihn nicht zufällig ein anderer Knecht abgelauert hätte, so tät man heut noch nicht wissen, wer damals das Futter gemäht hat.

Eine Wanderung über die Zellerhöh

Die Zellerhöh ist eines der schönsten Plätzchen unseres Bayerwaldes. Otto Hartmann schreibt:

Ein Waldland voller Menschenliebe und Erdenfröhlichkeit tut sich auf. Wir ziehen zu hochgelegenen Bauernhöfen und Aussichtswarten, von denen unsere Blicke hinabgleiten in die Tiefe. Hemmungslos können wir uns diesem berauschenden Naturgenießen auf der Zellerhöhe hingeben und unterwegs das Hohelied urtümlicher Volkskraft, die der Mutter Erde entströmt und diejenigen stählt, die sich erbauen und an den ewigen Gesetzen ihres Schöpfers festhalten; Bewundern, das ist ein starkes Gewerbe, keine fremdländischen Seidenfäden, die in der Großstadt Tausende von Opfern einspinnen. Die Großstadt ist verlockend und verführerisch und ist schrecklich zugleich, in ihrem kalten Egoismus und Zynismus.

Stunden in der Waldbergeinsamkeit bei den Bergbauern zeigen uns erst die Trostlosigkeit der Großstadt und die oft entsetzlichen Folgen der Landflucht. Ja, in den Tälern und Höhen des Waldgebirges zwischen den Feldern werden auch Lebensweisheiten erlebt und geboren. Der Mann, dessen Werkeltag sich fern von allem Stadtlärm abrollt, zwischen Pflügen und Mähen, zwischen Saat und Ernte, kennt sich im Leben und unseren Engen und Nöten aus, wie nur irgendein Mensch es vermag. Echt, schlicht, natürlich-frisch, voll würzigen Ackergeruchs erinnert uns so mancher Waldlerbauer an den Segen der Arbeit, der Freude am Leben und zu einem Leben der Freude. Auch der Bauer hat ein tiefes Einfühlen in fremdes Seelenleben. Eine Bauernfigur hat auch seinen Humor. Er hat aber auch ein kühles und scharfes Auge für die Höflichkeiten und Lächerlichkeiten des Lebens, und doch legen der Sonnenschein seines warmen Gemüts und die kluge Heiterkeit seiner Weltbetrachtung über das ganze Dasein mit seinen Schwächen und Mängeln einen Goldglanz. Schwer stampft der Bauernstiefel über den bergigen Boden. Starke knochige Hände stoßen den Pflug in die welligen, oft steilen Schollen. Derb und kantig ist da das Menschentum, altväterlich und unverwüstlich; zäh, stolz und hart. Ein Volk, das seine Fehler hat wie jedes andere, aber doch gut gesinnt und tiefdrinnen gesund ist: ein kernbayerischer Stamm.

Im Sommer stehen die Felder im Ernteglanz und darüber der schwer graublaue Himmel. Vom Raine nicken noch die Kornblumen und glüht der Mohn, aber ihre Zeit ist gekommen, und das Lied von der Sichel geht durch die Luft. Wie wogt und rauscht da der goldene Segen!

Wolkenloses tiefes Blau, sengende Sonne und goldgelbe Getreidefelder. Die reifeschweren Ähren neigen sich auf den hohen Halmen. Stille, große, tiefe Sommerstille liegt noch über den Landen. Die Hitze brütet immer stärker und

Waldwinter

so kommt bald Leben in die reifende Landschaft. Die Sicheln rauschen, die Ernte beginnt. Und überall, wo das Brotkorn wächst, zeigt sich uns in drückend warmen Augusttagen dasselbe Bild.
In einem entlegenen Winkel dieser Waldberge habe ich auch manche Menschenperle erlebt. Ich wanderte vom Pröller über St. Englmar und erreichte den Kolmberg. Kolmberg ist ein Plätzchen voll Sonne, ein Höhenort im duftigen Blütenkranz und herrlicher Lage. Echtes Waldbauerntum fand ich beim „Wastlbauern" in Kolmberg. Die Stube mit der sauberen Kochecke erweckte sofort das Gefühl des Hungers. Da möchte man sich gleich zur Bauernfamilie an den großen Tisch setzen. Nach dem Ende des Mahles wird wie bei Beginn gebetet, und gleich ziehen die Abgespeisten wieder zu ihrer Arbeit. Das war wirklich ein herzinniges Bauernzusammengehören, das wir beim Wastlbauer genießen durften. Still liegt sein Hof in der prächtigen Landschaft. In der Kolmberger Gegend und um die Zellerhöhe gibt es besonders Naturschönheiten. Lange werde ich an den Tag denken, der mir in dieser Einsamkeit so viel Schönes bescherte. Wir wandern weiter auf die Zell. Die Zellerhöh ist eines der schönsten Fleckchen des Bayerwaldes. Neben dem Hirschenstein und Pröller ist die Zellerhöhe bei Prackenbach auch einer der schönsten Aussichtspunkte der Viechtacher Gegend (Veidareich). Besonders hübsch ist von dort der Blick ins Klinglbachtal mit seinen sauberen Höfen. Um die Gegend nach der Oberpfalz, vor allem gegen Cham, besser besichtigen zu können, gehen wir noch etwas aufwärts nach der Höhe von Zellwies, von dort aus sieht man auf den Höhen jenseits des Tales Gossersdorf, Rattenberg, Wies, Neu- und Altrandsberg, Harrling und Zandt bei Cham. Bei guter Witterung kann der Besucher der Zellerhöhe das Regental bis Regensburg verfolgen und darüber hinaus weit in die Oberpfalz schauen.
Beim Abstieg nach Rattenberg treffen wir in Engelsdorf noch auf vier mächtige Linden. Wer möchte es wagen, ihr Alter zu schätzen? Man meint, sie müßten immer schon da gewesen sein, so ehrwürdig sehen sie aus. Schon die Urgroßväter der Urgroßväter haben in ihrem Schatten gerastet. Enkel der Enkel werden das gleiche tun. Hier erscheint des Waldlers Heimat besonders schön, und er kann getrost jubeln: „O meine Heimat!" Es war kalt damals, noch ein Hauch von der guten alten Zeit vorhanden. Die Bauern waren zum Teil noch echte Bauern. Das Volk war trotz der harten Zeit frohgesinnt, entgegenkommend, zufrieden. Ruhe und Ordnung, wie sie der Mensch eben braucht.

Der beschädigte Nepomuk

von Albert Kauer, Neurandsberg

In Miltach unten ist in einem Hof ein recht schöner Wassergrand gestanden und daneben eine steinerne Figur des Heiligen Nepomuk. Sicher ist diese Figur einmal an einem anderen Ort gestanden. Im Sockel dieser Figur war die Jahreszahl 1634 eingemeißelt. Gleich neben diesem Hof stand ein Wirtshaus. In diesem Wirtshaus ist wieder einmal eine Hochzeit gewesen, und es hat auch Besoffene gegeben. Vom Schrot (Balkon) des Wirtshauses hat man eine recht schöne Sicht gehabt auf den Wassergrand und den genannten Nepomuk. Da stehen nun zwei Mannsbilder auf dem Schrot des Wirtshauses, jeder mit einem leeren Maßkrug in der Hand. „Schenk ma an Nepomuk a Maß ei", hat einer der zwei Betrunkenen gefrevelt, und schon hat er mit voller Wucht seinen Steinkrug auf den Heiligen geworfen. Mitten ins Gesicht hat er ihn getroffen, und dem Nepomuk hat es die halbe Nase weggerissen. Ein altes Sprichwort aber sagt: „Gott läßt seiner nicht spotten". Recht bald darauf hat dieser Bursch den Fraß an der Nase bekommen, und sie ist ihm vollständig ganz weggefault. Dieser Nepomuk steht heute noch mit der abgeschlagenen Nase, wie damals, neben dem Wassergrand.

Dann hau ich mir meinen Teil heraus

vom Wastl Helmbrecht

Um 1900 herum ist es gewesen. Der Bauer säte seit jeher sein Getreide mit der Hand. Den Säkorb trug er dabei seitlich an der Hüfte und mit einer Halfter auf der Schulter liegend. Die Technik aber erfand nun etwas vollkommen Neues, nämlich die Sämaschine. Einige Bauern überlegten nun, sich so ein Ding anzuschaffen. Natürlich nicht jeder für sich, sondern gemeinsam, versteht sich. Für einen allein wäre die Anschaffung zu teuer gewesen. Es ging also eine Zeitlang alles gut und harmonisch, bis es eines Tages geschah. Mochte das Wetter mitgespielt haben, es konnte halt nur einer säen. Es regnete immer wieder, und bis der dritte an der Reihe war, kam es zum Streit und zwar derart, daß man sogar nimmer miteinander reden konnte. Und so verständigte man sich also schriftlich. Es sei vermerkt, daß es drei Brüder waren und in unmittelbarer Nachbarschaft lebten. In diesem Schriftverkehr stand nun der geflügelte Satz, den man sich Generationen später noch erzählte: „Wenn.., dann hau ich mir meinen Teil heraus (aus der Sämaschine)!"

Der Teufel und der Einsiedler

aus einem alten Heft

Oft kann man hören, daß es dem Teufel in der Höll drunten gar nicht so besonders gut gehen soll. Aber nicht deswegen, weil er dauernd heizen muß, sondern weil er eine so schrecklich böse Großmutter hat, der er einfach nichts recht machen kann, aber auch gleich gar nichts. Kaum setzt er sich für einige Minuten auf einen glühenden Stein um ein Haferl voll siedendes Pech zu trinken, da kommt seine Großmutter mit der großen Warze auf der Nase schon wieder daher und schimpft und werkt wie eine Närrische. Und da kommt der Teufel ganz aus der Ruh. „Sitzt du schon wieder umeinander“, hat sie ihn angeschrien. „Wir haben bald keine Leut mehr herunten, weil du dich gar nimmer kümmerst.“ Sie hat ihm auch vorgeworfen, daß sich die Leut über ihn schon lächerlich machen und an ihn schon bald niemand mehr glaubt. „Wenn das noch eine Weile so weitergeht, dann können wir unsere Höll ganz zusperren.“ Der Teufel hat sich diese Wetterei nicht lange angehört, hat mit seiner schwarzen Faust auf einen glühenden Stein gehauen und ist auf und davon. Und weil er auch keine Leut mehr sehen hat wollen, so ist er an einen Platz geflogen, wo ihn kein Mensch mehr gekannt hat. Vor einer ganz armen Hüttn hat er sich auf einen Holzstock gehockt und hat dreingeschaut wie noch mal ein armer Teufel. Wie er da so dasitzt und umeinandersiniert, da kommt ein alter Einsiedler daher und sieht den Teufel sitzen. Und weil der Teufel ausnahmsweise einmal einen richtigen Anzug angehabt hat (den Geißfuß und die zwei Hörner hat er daheim gelassen), so hat ihn der Einsiedler gar nicht erkannt. Als richtiger Einsiedler hat er Mitleid gekriegt und hat den sitzenden Mann freundlich mit „Grüß dich Gott“ angeredet. Der Teufel aber hat getan, wie wenn er nicht gut hören tät und hat den Kopf noch tiefer eingesteckt. „Ist ihnen nicht recht gut oder kann ich ihnen helfen?“, hat der Einsiedl gemeint.

„Mir kann kein Mensch helfen“, hat der Teufel drauf gesagt. Und der Teufel hat gleich zu erzählen angefangen, daß er so eine böse Großmutter hat, die ihm das ganze Leben verdirbt. „Mein Beruf, der taugt halt nichts mehr.“ „Ich hab schon vielen Leuten aus der Not geholfen“, meinte der Einsiedl, „und ich werd auch dir helfen können. Der Großmutter mußt halt diese Bosheit austreiben. Ich bin zwar nur ein Einsiedl und hab deshalb mit so bösen Weibern nicht viel zu tun gehabt, aber das weiß ich, daß man die Weiber mit schönen Kleidern oder auch mit Süßigkeiten schon ein bissl heben kann. Oder probier's halt mit einer Schmeichelei, indem du zu deiner Großmutter sagst, daß sie noch so jung ausschaut.“ „Mein lieber Einsiedl“, hat der Teufel drauf gesagt, „wenn du meine Großmutter sehen würdest, dann würdest du nichts mehr sagen. Meine Großmutter ist schon so alt, daß es kein Mensch weiß. Und so gräußlich ist sie, daß du dir das gar nicht vorstellen kannst. Da hilft wirklich kein Einschmeicheln mehr.“ „Probier's halt einmal und drisch sie richtig mit einem Prügel, am End hilft das“, meinte der Einsiedl.

„Wie kann denn ein christlicher Einsiedl nur so einen gräußlichen Rat geben“, hat der Teufel drauf geantwortet, „und überhaupt, meine Großmutter tät ich nie schlagen, da tät sie mir schon erbarmen.“ „Kaufst ihr halt am End ein junges Hunderl oder ein junges Katzerl, vielleicht kannst ihr da eine Freud machen.“ „Dieser Rat ist gar nicht so schlecht“, meinte der Teufel, „und wenn das was hilft, nachher mach ich das schon recht bei dir“, sagte der Teufel und ist verschwunden. Der Einsiedl hat nur den Kopf geschüttelt, und weil es auf einmal so fürchterlich nach Pech und Schwefel gestunken hat, hat er ein Kreuz geschlagen und ist seiner Heimat, der Klause, zugegangen.

Wie der Teufel gerade an einem Bauernhof vorbeifliegt, da sieht er, wie eine Bäuerin gerade eine schwarze Katze zur Tür hinausjagt und schreit: „Wenn dö no grad da Deifö holad, du Drack, weilst ma allerweil an Rahm vom Degl außer stiehlst.“ Und schon hat der Teufel die Katz gepackt und ist in die Höll hinunter damit zur Großmutter. Und möchst es nicht glauben, erraten hat es der Teufel, weil die Großmutter akkurat einmal gut aufgelegt gewesen ist. Sie hat zwar keine besondere Freude gehabt mit der schwarzen Katz, aber der Teufel hat von da an wieder bessere Tage bekommen. Der Teufel hat dann eines Tages dem Einsiedl als Dank einen großen Sack voll goldene Taler auf den Tisch geschüttet.

Dieses viele Geld hat aber dem Einsiedl kein Glück gebracht, und warum, das kann sich ein jedes selber denken.

Gute Werke für die armen Seelen

von der Muinerl Berta

„Was man für die armen Seelen tut wird vielfach belohnt“, so hat meine Mutter, Gott selig, schon immer gesagt. In meinem Elternhaus ist kein Tag vergangen, daß wir nicht gemeinsam für die armen Seelen gebetet hätten. Außerdem hat meine Mutter jeden Samstagabend mit Weihwasser drei Kreuze auf die große Stubentischplatte gezeichnet mit der Hand. „Da können sich die armen Seelen gut ausrasten über Nacht“ hat sie zu uns Kindern immer gesagt. Wenn wir im Wald einen Baum umgeschnitten haben, so hat unser Vater immer fest darauf geachtet, daß er, während der Baum gestürzt ist, mit der Axt drei Kreuze in den Baumstock hat hauen können. Hat man das fertig gebracht (man hat sehr flink sein müssen, weil es nur um einige Sekunden geht), so

haben auf diesem Baumstock viele Jahre lang die armen Seelen bei Nacht eine gute Rast gefunden.
Ich bete heut noch viel für die armen Seelen, denn es ist nicht umsonst.

Sagensteine

Im Bayerischen Wald gibt es eine Unmenge seltsamer Steine, um die sich schon vor Jahrhunderten Sagen gebildet haben. Meist sind es recht gruselige Dinge, die uns von solchen Steinen überliefert sind, nun aber immer mehr in Vergessenheit kommen.

Der Metzgerstein

Ganz alte Leut werden sich vielleicht noch an den Metzgerstein bei Altrandsberg erinnern, der uns eine recht unliebe Geschichte erzählt. Da hat also der Perlbach in der Näh von der Roßweidmühle bei Altrandsberg a besonders tiefe Stell, und da liegt a großer Steinbrockn drin. Wenn's mehrere Wochen a trockns Wetter hat, nacher ragt der Steinbrockn weit überm Wasser raus. A abgebrochner Sockl von einem Eisenkreuz reckt wia a mahnender Zeigefinger zum Himmel. Darüber erzähln uns alte Sagen, daß unter den Adeligen auf Burg Altrandsberg nicht nur lauter fromme Herrn gehaust ham. Besonders einer soll a mal recht unmenschlich ghaust hab'n, und deswegn ham ihm d'Leut in weiter Umgebung nur den „Metzger" gnannt. Nicht nur die Bauern ham vor ihm a schreckliche Angst ghabt, er hat auch andre Leut überfalln, bei denen er sich Geld erhofft hat. An der Stell, wo heut noch der Stein im Bach liegt, ham da etliche Räuber hinter Erlen eine Herd fromme Wallfahrer abglauert, die zum Wallfahrtskircherl Neurandsberg unterwegs waren. Unter den Wallfahrern war ein Ritterfräulein. Die Räuber ham ihre Pferd genau bei der tiefn Stell übern Bach gesprengt und wolltn die Wallfahrer grausam überfalln. Doch in dem Moment hat sich der Himml verfinstert, so ist's uns überliefert, und a furchtbares Gwitter is ausbrochn. A schrecklicha Wolknbruch is niedergangen und die Räubergselln sand alle im Schlamm steckn bliebn. Während alle Gesellen des „Metzgers" im Wasser sand versunken, hat der Metzger no an Ast ertappn könna. Da hat sich aber vom Uferhang ein großer Felsbrocken gelöst und hat den Räuber im Schlamm vergraben. Und wia dö wilden Ritter versunken warn, sand sofort die schwarzen Gewitterwolken abzogn. In den großn Stein, der heut noch mittn im Bach liegt, hat ma dann als Dank a Kreuz setzn lassen. Und wia gsagt, wenn trockne Sommer sind, steht der geheimnisvolle Stein aus'm Wasser und erinnert an dös schandvolle Ereignis von damals.

Der große Stein beim Berghäusl

Glei hinter meim Geburtshaus „Berghäusl" (bei Neurandsberg) in Richtung Kelburg liegt im Woid glei nebn dem Waldweg ein mehrere Kubikmeter großer Stein. Auch von diesem Stein gibt's allerhand Gschichtn. Um 1920 ist's gewesen, da is der Brottrager Mode-Girgl bei der finstren Nacht mit seiner Brotkirm aufm Buckl an dem genannten Stein vorbeigangen. Da ist vor ihm plötzlich a ganz a schauderhaftes Fuhrwerk gstandn. Am Wagn warn 2 Roß angspannt, es war aber kein Fuhrmann dabei. Unterm Wagn hat ein fürchterliches Feuer brennt, dem Wagn aber hat dös Feuer gar nichts ankönnen. Der Mode-Girgl ist ein ganz furchtloser Mann gwesen und hat mit seim Haklsteckn auf dös Fuhrwerk eingschlagn. Drauf sind die Roß mitsamt dem Wagn wie wild davon gsaust. Auch dös Feuer unterm Wagn ist mit fort. Meine Großeltern sind damals grad im Stall beim Füttern gwesen, wie der Girgl käsweis mit seiner Kirm auf'm Buckl zur Haustür neigstürzt ist und die Gschicht erzählt hat. Am andern Tag, wie's ein bisserl hell wordn ist, sind meine Großeltern gleich fort zu der genannten Stell. Man hat aber nicht die geringste Spur gfundn. Heut denkt kein Mensch mehr dran, was der alte Mode-Girgl, den i selber noch gut gekannt hab, damals hat mitgmacht. Bei diesem genannten großen Stein ist, wie mir die Großmutter noch so lieb erzählt hat, bis um 1910 ein aus Eichenholz gefertigtes Marterl gstanden. Am End hat diese Geistergschicht einen Bezug ghabt mit dem altn Marterl, dessen Ursprung mir niemand mehr hat erzählen könna. Auch ist ganz in der Näh von dem Stein (im Schergengruberholz) ein sogenannter „Taferlbaum" gstanden, an dem ein Armenseelentaferl befestigt war. Baum und Taferl sind längst verschwunden und vergessen.

Der Ochsentritt bei Niederhofen

von Pfarrer Poiger

Auf dem altn Fußweg von Neukirchn bei Haggn nach Niederkofn find ma auf einem Granitstein eine eingmeißelte Klaue von am Ochsen. Deswegn nennt ma den Stein den „Ochsentritt". Wia ganz alte Leut no erzähln, soll an der Stell amal der Teufl auf am Ochsn über den Stein grittn sein. Dabei soll er den Abdruck hinterlassen habn. Solche Ochsentritte gibt's in der näheren Umgebung noch mehrere, z. B. in Windberg oder auch in St. Hirmon bei Bischofsmais. Am End sind solche Ochsentritte amal bedeutende Grenzsteine gewesen. Auf alle Fälle werdn solche Dinge für immer a Rätsel bleiben.

Von kleinen Dieben

von meinem Vater

Es gibt Leut, denen das Stehlen angeboren ist wie einem echten Jagdhund das Jagen. Da ist einmal ein kleines Mandl gewesen, das hat die größte Freud gehabt, bei finsterer Nacht herumzuschleichen, um was Brauchbares heimzubringen. Während der Getreideernte, wenn die Kornmandl auf dem Feld gestanden sind, dann ist dieser kleine Mann sogar bei Nacht unter so ein Kornmandl, das ja beim Schopf zusammengebunden war, gekrochen. Er hat das ganze Mandl (neun Garben) mit dem Kopf angehoben. So ist er dann mit dieser Last heimwärts gegangen. Wenn nun Leute bei Nacht noch auf dem Heimweg waren, sind ihnen öfters solche wandernde Kornmandl aufgefallen. Das wär aber für den kleinen Dieb einmal beinahe schlimm ausgegangen. Ein Knecht, der auch die gehenden Kornmandl beobachtet hatte, hat sich bei Nacht am Feld versteckt. Es hat gar nicht lang gedauert, ist auch der Dieb schon um die Wege gewesen. Kaum war der Dieb unter ein Kornmandl geschloffen und wollte fortgehen mit ihm, schlich der Knecht hinterher und zündete das wandernde und bereits dürre Kornmandl an. Das Mandl brannte sofort hell auf. Und wenn der Knecht dem Dieb nicht blitzschnell das brennende Kornmandl vom Kopf gerissen hätte, wär der kleine Dieb verbrannt.

Die Sache mit dem Potschamperl

Mach ich da einmal einen Besuch bei Bekannten. Ich hatte mich vorher nicht angemeldet, weil das früher nicht Brauch war. Da man bei diesen Bekannten keinen Hund hatte, der auf mich aufmerksam gemacht hätte, so bin ich also unbemerkt in die Fletz (Hausflur) gekommen. In der Fletz hab ich mir, wie sich's gehört, den Schnee von den Schuhen gestampft. Die Großmutter, die von der Stube aus dieses Stampfen hörte, war nun der Meinung, ihre Tochter, die in die Schupfe um Holz gegangen war, käme wieder zurück. Und genau als ich mit meiner Hand nach der Stubentürklinke will greifen, riß die Großmutter nach innen die Tür auf, hielt mir einen Nachttopf entgegen und meinte dabei temperamentvoll: „Do schütt's außö!" Wie ich aber nicht danach

gelangt hab, sondern ein wenig zurückgerumpelt bin, da hat sie mich erst erkannt. Sie hat einen Schrei getan, wie wenn sie ein Hornessel hätt gestochen. Sie hat das Haferl zurückgezogen und sich entschuldigt: „Mei, is ma dös zwiada, mei Tochter, der wos däs klöanö Buberl do ghört, is grod vorher naus a Holz holn. Und wie ich jetzt in der Fletz hab stampfen hörn, hab i halt an mei Tochter denkt“.
Ja, und gleich drauf ist auch die Tochter angekommen mit den Holzscheitln im Korb.

Eine seltsame Sau
von Maria Hilmer

Es ist vor 1900 gewesen. In Semmersdorf bei Haibach hat man eines Abends, als es schon finster gewesen ist, eine große schwarze Sau mit etwa drei Zentnern laufen sehen. Man ist natürlich der Meinung gewesen, die Sau wäre jemanden ausgebrochen. Mehrere Leut vom Hof haben gleich zusammengeholfen, haben die Sau eingefangen und in einen sicheren Stall gesperrt. Am nächsten Morgen wollte man dem Besitzer die Sau zurückbringen. Als man am frühen Morgen nach diesem Schwein schaute, war es spurlos verschwunden, ohne daß irgendeine Wand oder Türe beschädigt gewesen wäre. Als es aber am Abend wieder finster wurde, rannte diese schwarze Sau wieder im Dorf herum. Das Schwein hat die ganze Nacht fürchterliche Schreie abgegeben. So ist es mehrere Nächte lang dahingegangen. Alle Leut redeten davon, daß sich bestimmt der Teufel in eine Sau verwandelt hat. Man hat dann ein Kreuz aufstellen lassen und es ist Ruhe geworden.

Eine seltene Geschichte

vom Danner

Im Umkreis von vier Dörfern ging das Gerücht, daß der Herr vom Wastlhof am Tod seiner Schwiegermutter schuld sei. Sie, deren Lippen stets in Bewegung waren, und von denen man sagte, sie würden selbst im Tode noch weiter sprechen, schimpfte eines Tages den Wastlhofbauern derart, daß er in grenzenlose Wut geriet und nicht mehr wußte, was er tat. Auf einmal flog ein Schürhackl auf die Frau Schwiegermutter los und traf sie so schwer, daß sie ein paar Tage das Bett hüten mußte. Sechs Monate darauf starb sie an Lungenentzündung. Der Wastlhofbauer glaubte aber, und mit ihm waren gar viele der Meinung, daß der Wurf mit dem Schürhackl die Todesursache gewesen sei. Der Schreinermeister Holzinger machte das Totenbrett und schrieb darauf die Worte: „Auf diesem Brett lag bis zur Beerdigung die ehrengeachtete Frau Barbara Schinhärl, Ausnahmsbäuerin von der Öd, welche am 10. Juni 1870 fromm und selig im Herrn verschied." Dann stellte er das Totenbrett am Kreuzweg mitten unter den anderen Brettern auf. So oft nun dort der Wastlhofbauer in der Nacht vorüber mußte, ergriff ihn eine entsetzliche Angst, und manchmal war es ihm, als würde das Brett lebendig und nähme die leibhaftige Gestalt der toten Schwiegermutter an, und wenn er dann zu laufen anfing, war's, als liefe die Verstorbene schimpfend und drohend hinter ihm her. Einmal zur Winterszeit, es jährte sich gerade, daß der unglückliche Wurf geschah, ging der Bauer frühmorgens zu einem Kuhhandel weiter fort. Unterwegs, als es Tag geworden war, stellte er die Laterne bei dem Wirte Kreuzdobler ein, ging dann ruhig seines Weges in die nächste Hofmark, wo er sich vor lauter Handelschaft etwas lang verweilte. Als er wieder zum Wirt Kreuzdobler zurückkam, war es schon spät, und die Dämmerung war bereits hereingebrochen. Der Bauer kam in heiterster Laune, weil sein Handel gut abgelaufen war, und trank eine Maß nach der anderen. Dachte schier nicht mehr an den Rückweg, bis plötzlich der Wirt sagte: „Du, host nöt a bißl Angst, wannst am Kreuzweg vorbei muaßt? Dort steht doch a Brettl, woaßt as scho, wo die selige Frau Schwiegamuadda drom steht, die so bald in d'Ewigkeit müassn." „Hör auf mit deim Gschmatz", sagte der Bauer, „wos vorüber ist, kimmt nimmer!" „Hatt's nöt erst gweihazt dort?", meinte der Wirt. „O mei, Kreuzdobler, i fürcht ma ja nöt und wenn die ganze Höll auf mi losrumpelt." Indessen richtete der Wirtsknecht Michl die Laterne des Wastlhofbauern her und zündete sie an. Der Bauer zahlte, nahm die Laterne und schritt eilig seinem Hof zu. Die Nacht war pechschwarz, und der Wind heulte fürchterlich. Auf einmal tauchten im Schein der Laterne die Totenbretter auf. Der Schein der Laterne huschte gespenstisch über diese stummen Denkmale versunkener Menschenleben und beleuchtete plötzlich grell das Brett der toten Barbara Schinhärl. „Alle guten Geister", rief der Wastlbauer. War's nicht, als wär die Tote aus dem Grab aufgestanden und würde sagen: „Ich vernichte dich, Elender, der du Schuld an meinem Untergange bist. Der Wastlhofbauer stand da wie ein Vogel, den die Schlange mit ihrem Basiliskenblick bannt. Da brannte das Stümpl Kerzen immer tiefer, und auf einmal krachte die Laterne, daß die Erde zitterte, und die Glassplitter flogen klirrend auseinander. Leichenblaß und zitternd am ganzen Körper begann der Wastlhofbauer zu laufen als hätten ihn tausend unheimliche Geister am Kragen. Mit schlotternden Knien und ganz zerstört kam er zu Hause an und schrie nur immer vor sich hin: „Alle Heiligen im Himmel, sie hätt mie umbringen wollen!" „Was ist denn los, was host denn?", sagte sein Weib. „O, mei, Wei, wiarö da am Kreuzweg vorbei geh, auf oamö reißt's mi. Steht da net die selige Frau Barbara Schinhärl, mei Schwiegamuadda vor mir und zoagt mit'm Finga drohend af mi. Jetz is g'feit, deng i ma, jetzt kannst nimma aus. S'Herz hat ma pumpert, als wenn die ganz Welt zammfallad, und d'Glasscherm vo meiner Latern sand grod a so gflogn. D'Latern reißt ma aus da Hand, stockfinster is worn, i moan, i versink. In da höchstn Not hab i no nach alle Heilign gschrian: „Alle Heiligen stehts mir bei!"" Sein Weib aber sagte mit Ruhe: „O, du Narr, du, am End hams da im Wirtshaus als Gaudi gar a Sprengkapsl in d' Kerzn gesteckt.

Vom Wildschwein zerfetzt

von einem Jäger

Während des Ersten Weltkrieges ist es gewesen, da ist ein Bauer im Wald von einem Keiler angefallen und vollkommen zerfetzt worden. Auf die entsetzlichen Hilferufe sind wohl einige Bauersleut herangekommen. Der Keiler ist davongerannt, für den Bauern aber ist jede Hilfe zu spät gewesen. Schon nach wenigen Minuten ist er völlig zerfleischt gestorben. Das hat sich wahrhaft zugetragen.

Von der Schlechtigkeit

von einem alten Jäger

Es ist wieder einmal eine Treibjagd angesetzt gewesen. Ein Treiber hat während der Jagd einen geschossenen Hasen verschwinden lassen. Ganz ungesehen hat er ihn in einer Ackerfurche verscharrt. Abends nach der Futterzeit, als es schon finster war, schlich er sich aufs Feld, um den versteckten Hasen zu holen. Wie ist er aber erschrocken, als er merkte, daß ihm jemand zuvorgekommen war und den Hasen hat mitgehen lassen. Voller Wut hat er nun angefangen zu schimpfen: „Kreimdeifö no amoi, ma mächt's goa net glaum', was heutzutag für schlechtö Leut gibt!"

Der Holzschuster von Klinglbach

von Max Brunner

Die Brotwaberl von Klinglbach hat ihren Namen von daher gehabt, weil sie alle Tag in Allerherrgottsfrüh schon nach Viechtach gegangen ist, hat dort Weißbrot eingekauft und hat es dann daheim in alle Himmelsrichtungen zu den Leuten getragen als Knödlbrot. Da ist meistens der ganze Tag vergangen, und auf die Nacht ist sie mit der Kirm am Buckl steinmüd heimgekommen. Ihr Mann ist viel älter gewesen als sie, und er hat sich die letzten Jahre nur noch etliche Markl verdient, weil er den Leuten Sägen gefeilt hat, und für die ganze Umgebung hat er Holzschuh gemacht. Auf einmal ist der Holzschuster krank geworden und ist auch allerweil schwächer geworden. Eines Tages, wie die Wabm in der Früh von Viechtach heimkommt, ist bei ihrem Mann der Atem schon schwer gegangen, und man hat es ihm angekannt, daß er schon mit dem Tod ringt. Die Babette hat es gleich gespannt, daß es jetzt mit ihm

Der zauberhafte Gemeindestecken von Rosenau

dahingeht. Sie hat ihm neben dem Bett auf einen Sessel eine Kerze hingelegt und Zündhölzl dazu. Nachher hat sie zum Mann gesagt: „Ich muß jetzt fort zum Brotaustragen, und wenn's zum Sterben wird, dann zündest du dir halt selber die Kerzn an. Pfüad die God nacher, und grüß meine Verwandten in der Ewigkeit."

Die tote Schulfreundin

von Cilli Ebenbeck

Als ich in Falkenfels zur Schule ging, es war um 1920, da hatte ich eine Schulfreundin, mit der ich mich besonders gut verstand. Sie ist damals zwölf Jahr alt gewesen, wie ich auch. Eines Tages aber hab ich mich mit dieser Freundin leider zerkriegt und zwar so, daß wir uns gar nimmer anredeten. Bald darauf aber ist dieses Mädl gestorben. Wenige Tage nach ihrer Beerdigung sah ich ganz deutlich dieses Mädl im Schulhaus die Treppe hochgehen. Sie war ganz schwarz gekleidet, blieb mitten auf der Stiege stehen und schaute mir schnurgerade ins Gesicht. Sie wendete sich, ging die ganze Stiege hinauf und verschwand. Von einer Täuschung meinerseits kann überhaupt keine Rede sein. Ich habe meine ehemalige Freundin ganz klar erkannt. Ich hab diese Erscheinung sofort der Lehrerin und den Kindern erzählt, aber niemand glaubte es mir. Freilich, wenn ich es nicht selber so deutlich erlebt hätt, tät ich's auch nicht glauben.

Der St. Johanni-Kirta

von Cilli Ebenbeck

Nicht weit von Falkenfels entfernt liegt schön eingebettet das Wallfahrtskirchlein St. Johann. Von dort ist nach mehreren Richtungen eine gute Aussicht. Einmal über die weite Donauebene, und zweitens ist zur Bogenberger Wallfahrtskirche herrliche Sicht, ebenso ein Blick zur Stadt Straubing.
Bei diesem Johannikircherl war alle Jahr um den Sonnwendtag Kirta. Da ist es einmal zu einer Mordsrauferei gekommen. An einem Nachmittag ist's ge-

Vier Waldler aus Rattenberg bei einem Heimatabend, um 1960

wesen, eine Herd Kramerständ sind bei dem Kircherl gestanden, und Leut sind ganze Haufen aus allen Richtungen gekommen. Mitten am Nachmittag, wie es grad am schönsten war, ist ein Käsverkäufer in heftigen Streit mit seinem Standnachbarn gekommen. Angefangen hat den Streit der Käsmann. Ja, er hat sogar seinem Standnachbarn das lange Messer in den Buckl gerannt. Da ist aber der Sohn des Festwirtes dazwischen gegangen, um Frieden zu stiften. Er packte ein volles Bierfaß und setzte es dem wütenden Käserer mit Wucht auf den Kopf, so daß dieser bewußtlos umfiel. Der ganze Kirtamarkt war nun verpatzt, denn die meisten Leut haben Reißaus gemacht und sind ihrer Heimatstatt zugerannt.

Gute Kameradschaft

von einem Jäger

Es ist gleich nach dem Ersten Weltkrieg gewesen. Da hat sich ein Bauer um ein noch nicht gehfähiges Rehkitz angenommen, das er, von der Mutter verlassen, auf seiner Wiese gefunden hat. Dieses Rehkitz ist auf dem Hof zu einer großen Rehgeiß herangewachsen und ist nebenbei zur großen Spielfreundin der Hausangehörigen geworden. Eines Tages hat man die erwachsene Rehgeiß ins Freie gelassen. Sie hat sich aber immer am nahen Waldrand in der Nähe des Hofes aufgehalten. Einen Bock muß sie aber doch kennengelernt haben, denn schon im nächsten Frühjahr hat diese zahme Rehgeiß zwei Kitzlein in den Hofraum ihres Pflegers gesetzt. Sie ist aber bald mit ihren Jungen in den nahen Wald umgezogen. Im Winter aber, bei Schnee und Kälte, ist diese Rehgeiß mit ihren herangewachsenen Kindern gerne zum Hof gekommen um Futter. Sie hat, wie als kleines Kitz, allen Hofangehörigen das Futter aus der Hand weggenommen.

Die Taufe

von Pfarrer Holzgartner

Da war amal a kloans Häuserl ganz im Wald versteckt. Es war so abglegn, daß ma gsagt hat: „Dort is d'Welt mit Bretter verschlagn". Und in dem Waldhäusl drin ham zwoa armö junge Leut gelebt. Sie warn aber recht glücklich miteinand und ham aa recht zammaghaltn. Dö erstn Jahr nach da Heirat is fast alle Jahr a anders Kinderl in da Wiagn glegn. Achte oder gar neune sand scho in da Stubn rumgsprunga und ham an Tag lustig verbracht. Do kimmt der arme Häuslmo spät am Abmd amoi wieda vo da Arwad hoam. Da laufend'd eam dö größern Kinder scho z'gegn und erzähln eam, daß alle an Mordshunger ham. „A d'Goaß meckert im Stall draußtn, weils neamad zeidld (melkt), und da Hund winslt an da Kettn, weil eam niemand was zum Fressn gibt. D'Mama liegt scho seit da früha im Bett drom", erzähln dö Kinder.

Noja, der Papa hat sich glei auskennt. Z'allererst is er glei nauf zu sein Wei und hat gschaut wias geht, dann hat er dö Kinder was warms kocht und is nacher in Stall ganga und hod seinö zwoa Goaßn gfuadad und zeidld. Inzwischen is stockfinstre Nacht worn. D'Kinda ham sö allö im Bett verkrochen und da Vadda is wieda zu seim Weib nauf zum Kindbett. Dort ham da sö unterhaltn, wias den Buam taufa lassn. An Hans, an Schorschl und an Wastl hams scho, drumm hod da Vadda gmoand, soi a sein Nama kriagn, wa naha hätt ma hoid an Michl a. Da Muadda is dea Nam ganz recht gwen, sie hod nua den Wunsch no ghabt, daß da Kloa glei zu da Tauf bracht wiad, und sie hätt mit da Hebamme und mit der Taufdöd scho oiss ausgemacht. Weil da Mo an andern Tag wieder in d'Arbeit muaß, so hoda sö also glei no a weng umzogn und hod sö hergericht zur Tauf. „Bis da Morgn graut", hod da Vadda gsagt, „möcht i wieda dahoam sei mit'm Buam." Zwoa-ahalb-Stunden warn z'Fuaß bis zur Pfarrkirch, und genau so lang hod a da Hoamweg wieder dauert. Die Taufpatin und die Hebam ham im Pfarrdorf gewohnt, und drumm wollt er sie nöt den weitn Weg nochmals herlaufn lassen. Also will er den Buam zur Tauf tragn. Er holt sich vom Dachboden an Bucklkorb, geht damit in Stadl und richt an großn Schübl Heu nei, damit ja da Kloanö warm liegt. Er trinkt schnell no a Haferl voll Goaßmilli, geht ins Kammerl zur Frau und hebt in großer Eil und Dunkelheit (es hat ja nur a oanzigs Petroleumlamperl brennt) aus'm Bett den Kloana außer und legt'n aufs weiche Heu in sei Bucklkirm einö. Mit ana warma Deck hod a dös kloanö Buzerl zuadeckt, und scho hod a d'Kirm vorsichtig auf'n Buckl gnomma. Zum Wei hoda no „Pfüaddö God" gsagt, hod bo da Tür an Weihbrunn gnomma, und scho iss dahi ganga mit'n Täufling. Unterwegs denkt sich der Michl, daß an dea Kloanö dösmoi goa koan Schroa macht drin in da Kirm, und hübsch schwer is a eam a vorkomma. Da Michl stampft durch'n tiafn Schnee scho an Kirchdorf zua, und d'Hebam und d'Taufpatin dö ham scho gwart auf eam. Alles is guad ganga. Dann sans alle mitanand nüwa in'd Pfarrkirch. Wia da Herr Pfarrer an Michl mit da Kirm am Buckl gsegn hod, is eam, wia alle Jahr, s'Lacha auskema. „Ja", sagt da Michl zum Pfarrer, „a schöna Prackl Bua muaß dös dösmoi sein, weil a mi ganz schö ins Schwitzn bracht hod." Da Pfarrer, da Messner, d'Hebamm und d'Taufdöd stehna beianand und wartn, bis da Michl sein Buam, ganz roglich vorsteht sö, aus da Kirm hebt. Da Michl hod n'Buam no nöd ganz aus da Deckn gewicklt, do schlagt d'Hebam d'Händ überm Kopf zam und da Pfarrer fangt hellauf zum Lacha o. A da Mesner muaß sein Bauch haltn, a so schüttls'n voa Lacha. Da Michl duad an Schroa: „Ja, Herrschaft Saxendie, hab i denn nöd bo da Finster an kloan Wastl dawischt, dea scho über a Jahr alt is und aa im Elternkammerl gschlaffa hod. Ja, wos wiads jetzad Herr Pfarrer", sagt aufgregt da Michl. Da Pfarrer lacht und moant: „Zwoimoi brach ma den Wastl do nöd taufa!"

Ein Briefwechsel

aus Rattenberg

A Frau aus Norddeutschland, die wollt im schöna Bayerischen Wald Urlaub macha, und zwar auf'm Land. Sie hat sich also zwoa Zimmer bstellt. Dabei hat's aber vergessen, sich dabei zu erkundigen, ob wenigstns auch a Wasser-Klosett vorhandn is. Weils ihr aber peinlich war, dies Wort zu schreibn, hat sie's ganz einfach in „W. K." abgekürzt. Der zuständige Bürgermeister hat dann lang hin und her überlegt, wos denn dös „W. K." heißen könnt. Sei Gemeindeschreiber is dann auf den Gedankn komma, daß dös sicher a Abkürzung für „Wald-Kapelle" is. Da Bürgermeister hat also voller Eifer dera Frau gleich z'ruck gschriebn: „Sehr geehrte Frau Kommissionsrat! Auf Ihre Anfrage teile ich Ihnen ergebenst mit, daß die W. K. im vorigen Jahr neu erbaut wurde. Eine kleine Viertelstunde oberhalb des Dorfes, mitten im herrlichen Wald, erhebt sich das schlichte Gebäude. Vogelsang und würzige Waldluft begleiten die stille Andacht. W. K. ist täglich geöffnet vormittags von 8 bis 11 Uhr. Wünschen Sie Ihre Andacht ganz in der Stille vorzunehmen, so stelle ich Ihnen den Schlüssel auch zu anderen Zeiten zur Verfügung. Sonntags ist gemeinsame Andacht mit Gesang und Harmoneumbegleitung. Es empfiehlt sich, zeitig zu kommen, da der Besuch sehr rege ist. Es gibt 30 Sitzplätze, nötigenfalls sind auch Stehplätze vorhanden. Ich hoffe, daß Ihnen die Angaben genügen und zeichne mit vorzüglicher Hochachtung. Der Bürgermeister."

Die Lotterie
von Pfarrer Holzgartner

Es ist um die Mitte des 19. Jahrhunderts gewesen, damals ist das Lotteriesetzen schon recht Mode gewesen, und nebenbei hat man sogar mit viel Aberglaube gehandelt. So soll nun um 1840 in einem Anwesen bei Loitzendorf folgendes vorgekommen sein: Die drei Brüder Schinabeck und die zwei Brüder Franz und Georg Schmid gruben im Friedhof einen Totenkopf aus, der von einer Frau sein mußte, die in der Sechswochen gestorben war. Dieser wurde ausgesotten. In der Christnacht nun machten sie in einer Stube, dessen Fenster zum Friedhof schaut, einen Versuch, die Zahl herauszubringen, auf die sie setzen mußten, um im Lotto zu gewinnen. Sie legten den Totenkopf in die Mitte des Tisches, und um den Totenkopf herum legten sie 99 Nummern. Neben jeder Nummer brannte ein Lichtlein. Auf die Nummer, bei der das Licht zuerst ausbrannte, wollten sie setzen. Da steigt aber plötzlich durch das Fenster ein als Jägersmann verkleideter Mann herein mit einem großen Sack voll Geld. Er setzte sich mitten in der Stube auf den Geldsack und sagte: „Der letzte, der von euch aus der Stube geht, gehört ihm." Sofort lief einer zum Herrn Pfarrer, um ihn zu verständigen. Dieser aber verweigerte. So holte man den Pfarrer Grindl von Wetzelsberg, dieser brachte ein Benediktinerkreuz mit. Er schickte alle Anwesenden zur Stube hinaus, er selbst nahm das Kreuz und ging es auf dem Rücken haltend, auch hinaus, so daß der letzte der Gekreuzigte war, dem der Teufel nichts anhaben konnte. Der Teufel verließ das Haus unter einem furchtbaren Getöse. Sogar der Türstock der Haustür lag frühmorgens im Obstgarten. Diese gruselige Geschichte wird aber verschieden, mit etwas abweichender Darstellung erzählt. Sie soll sich aber wirklich zugetragen haben.

Vom Bier heim
von Frau Zenzl Ellmann

Es ist schon hübsch lang her, da ist der alte Renftbauer wieder wie so oft und gern an einem Samstagabend auf den „Berg" hinüber gegangen ins Wirtshaus. Beim „Bergerwirt" wird schon Jahrhunderte gerne eingekehrt. Man findet dort auch heute noch gut unterhaltsame Leut. Ja, und wie dann der Renftbauer nach einigen Maßln guten Gerstensaftes um Mitternacht wieder der Heimstadt zugeht, da muß er, wie jedesmal, am großen Wermerriegel vorbei. Dieser große Steinriegel ist seit urdenklichen Zeiten als Geisterriegel bekannt gewesen. Man hat dort bei Nacht und Nebel gar oft seltsame Dinge und Geräusche erleben müssen, es hat, wie man sagte, gerne geweizt. Als nun der Renftbauer bei der Stockfinster bergauf geht, da erschrickt er auf einmal. Steht da nicht vor dem Felsen ein kleines wunderschönes Haus. Und zugegangen hat es darin wie in einer vollen Bauernwirtshausstube. Auch Kegelscheiben hat man gehört. Da aber an diesem Platz nie ein Haus gestanden ist, hat den Renftbauer die Neugier gepackt und hat sich vorsichtig zur Türe hineingeschlichen. Lauter fremde Menschen sind da beieinander gewesen. Wie sie aber den Renftbauer gesehen haben, da haben alle zugleich geschrien: „Renftbauer, da trink von mir." Der Bauer hat sich tatsächlich überreden lassen und hat sich eine Weile in dieser Geisterstube aufgehalten. Alle Zecher haben sich sehr auffällig um ihn gedrängt. Als sich dann der Renftbauer gar nimmer zu helfen hat gewußt und er es auch mit der Angst zu tun hat bekommen, da hat er laut um den Johannessegen gerufen. In diesem Moment ist das Haus mit all den Zechern verschwunden. Der Renftbauer ist nun in stockfinsterer Nacht und mit bleichem Gesicht dagestanden. Und wie er sich ein wenig umgesehen hat, da sieht er, daß er mitten im Riegel vor einem tiefen Abgrund steht. Nur wenige Schritte, und er wäre in den sicheren Tod gestürzt. Nach diesen geisterhaften Erlebnissen hat sich nun der Renftbauer weiter auf den Heimweg machen wollen. Keinen Schritt aber hat er von der Stelle machen können. Und so hat er wie gefesselt auf diesem Geisterriegel verbleiben müssen, bis man in Allerherrgottsfrüh im nahen Rattenberger Dörferl oben den Engel des Herrn geläutet hat. Die ganze Umgebung ist wieder wie immer zuvor gewesen. Der Renftbauer hat endlich den Heimweg machen können. Daheim sind alle nicht wenig erschrocken, weil der Bauer ganz käsweis gewesen ist im Gesicht. Mit Müh hat er ihnen sein schreckliches Erlebnis erzählen können, und er ist von da an nie mehr um die Geisterstund vom Bier heimgegangen.

Ein seltener Fall

von einem Jäger

Ein ganz junges männliches Rehkitz ist von einem Bauern unbemerkt mit einer Maschine am Fuß stark verletzt worden. Er hat sofort den betreffenden Förster verständigt. Dieser hat den verletzten Fuß des Rehkitzes sauber verbunden, hat es aber auf der Wiese liegengelassen, in der Meinung, die Mutter würde sich schon darum kümmern. Das war aber nicht der Fall. Als das Tier am andern Tag klagend auf der Wiese gelegen ist, hat es der Bauer in seinen Hof geholt. Da das Rehkitz aber nicht um alles aus einer Flasche getrunken hat, hat man es ans Euter einer Ziege herangebracht. Die Ziege aber hat ausgeschlagen wie ein junger Hengst. Nun hat der Bauer es mit einer seiner Kühe probiert. Erst hat man ein junges Lamm an das Kuheuter gelassen und dann sofort das Rehkitz. Die Kuh hat gar nichts gemeint dabei und hat dem Rehkitz sogar noch den kranken Fuß gesundgeleckt. Das Rehböcklein ist groß geworden und hat die Hofangehörigen auf Wiesen und Felder begleitet. Und bei Nacht hat es sich neben der Pflegemutter (Kuh) aufs Stroh gelegt.

Ein schlauer Kleinknecht

von Hans Decker, Buchet

Da ist einmal in der Näh von Buchet a Bäurin gwesn, die hat für ihre Ehehaltn als Mittagessen oft an Zwirl gmacht. Den ham d'Ehehaltn besonders gern mögn, weil d'Bäurin mit'm Schmalz nöt gspart hat. Wenn man's beim Zwirlkochn eilig hat, so klebt er halt gern zamma, und es werdn große Brockn. Die ham aber die Dienstbotn gern auf d'Seitn gschubst in der Rein, weil halt der Kleine viel knuspriger und besser ist. Da hams amal an kloan Knecht ghabt, der hat allerweil nur den kloana Zwirl aus da Rein gfischt. Da hat'n aber der Großknecht scharf angred, er soll an großn Zwirl a essn, nöt nur den kloan außasuacha. Und der Kleinknecht hat drauf zur Antwort gebn: „Der Bauer hat mie als Kleinknecht eingstellt, er hat mir gsagt, i brauch nur kloananö Arbeitn verrichtn, und drum han i mir halt denkt, darf i a bloß an kloan Zwirl essn."

Einige alte Witze

In einer Pfarrei hams neue Kirchnglockn kriagt. Ein recht feierlicher Kirchnzug is aufgstellt worn. Als erste warn die Schulkinder, dann d'Feuerwehr, dann warn die Glocken auf einem Wagen, dann sind da Herr Pfarrer und der Herr Kooperator komma, und dann sand's alle zwoa aufghängt und auf'n Turm nauf zogn worn.

Am Weißen Sonntag war Erstkommunion. D'Eltern und d'Kinda warn voller Freud. Dann is da Herr Kooperator komma, und der hat alle weißn Buam und Madln hingricht.

A Autofahrer war unterwegs. Er hat an kloana Bubn troffn und hat ihn mitgnomma zur Schul. Wias dann bei da Schul anghaltn ham, hat der Fahrer zum Bubn gsagt: „In diese Schul da bin ich auch gangen, aber dös is scho 30 Jahr her." „So, so", hat der Bub drauf gsagt, „dann bist Du der. Neulich hat nämlich der Lehrer zu mir gsagt: „Einen so Dummen wie Du bist, hab ich schon 30 Jahr nimma ghabt."

Der Lehrer hat Unterricht ghaltn über die Tiere. Man soll sie nicht abbusseln, weil dabei allerhand Krankheiten geerbt werden können. „Ja, dös stimmt, Herr Lehrer", hat der Franzl glei gschrien, „mei Vater hat unser Katz abbusslt, und nacha is die Katz verreckt."

Mei Großmutter hat oft erzählt, wenn ehers die Derndln zum Tanz sind fort, dann ham ihna ihre Mütter immer auftragn: „Tanzt mir ja mit koan Studentn!"

Da war amal a Großverbrecher. Wegen fünffachen Mordes is er fünfmal zum Tode verurteilt worn. Kurz vor der Hinrichtung hat ihn dann der Herr Pfarrer noch gfragt, ob er noch einen besonderen Wunsch hätt. „Ja, ich tät Sie bitten, Herr Pfarrer, daß i statt fünfmal nur einmal köpft werd."

A Mädl hat ein Eheinserat in der Zeitung aufgebn: „Mädchen mit halber Million." Glei schreibt ihr a Bursch, sie soll ihm no a Foto schickn. Und dös Madl hat zrückgschriebn: „Wenn i scho a halbe Million hob, dann brauchas do net aa no a Foto!"

Eine kräftige Dirn

von Hans Decker

I war kurz vorm Erstn Weltkrieg Hütbub bei einem Bauern in Wachenberg. Eines Tages ham mia Dienstbotn Distln stechn müssn, auf'm Feld, ich, zwei Buben und zwei Dirnen. Der eine größere Bub hat immer gern die Dirnen getratzt. Wie mir dann am Nachmittag bei da Brotzeit beinandgsessen sand, hat die kräftigere Dirn dem Michl die Hosnträger blitzschnell runtergrissn, hat ihm die Hosn auszogn und die Hosn auf'n Nußbaum naufgworfn. Und weil's damals bei die Landleut no koa Unterwäsch gebn hat, hat halt da Michl mit seim kurzn Leinenhemd naufsteign müassn auf'n Nußbaum, sei Hosn holn. Mia ham alle glacht was ma aus uns bracht ham. Aber dann ham die zwoa Buam zammagholfa und ham dieser Dirn den nacktn Arsch richtig derhauen.

Die zwei Mettenschwänzer
von Zenzl Ellmann

Da waren einmal zwei Knechte, die haben halt gar keine Lust gehabt mit dem Kirchengehen. Jeden Sonntag sind sie zwar vom Hof fort, doch haben sie sich dann immer in einem Strohhaufen versteckt, die früher, da die Stadel zu klein waren, in Mengen umher gestanden sind. In so einem Strohschober haben sie sich aufgehalten, bis der Gottesdienst zu Ende war. Einmal, da haben sie sich sogar erlaubt, sich während der Christmette in diesem Strohhaufen aufzuhalten. Aber das haben sie büßen müssen. Punkt zwölf Uhr, als man zur Christmette zusammengeläutet hat, sind eine Herd abscheuliche Geister dahergekommen und sind solange um den Strohschober herumgeflogen, bis die Christmette aus gewesen ist. Diese Geister haben noch dazu ein furchtbares Geheule verbracht. Den zwei Burschen ist trotz der Kälte der Angstschweiß über den ganzen Körper gelaufen. Erst als nach der Christmette die Geister verschwunden sind, sind die zwei Knechte aus dem Strohschober gekrochen, und ohne vieler Worte sind sie dem Hof zugegangen. Es muß schon gewirkt haben, denn von dieser Nacht an, haben sie sich nie mehr erlaubt, den Gottesdienst zu schwänzen.

Eine schauerliche Armenseelennacht
von Zenzl Ellmann

In der Armenseelennacht (vom ersten zum zweiten November) wandeln viele Verstorbene auf der Welt umher. Es sind meist solche, die im Fegfeuer leiden müssen und Hilfe auf Erlösung suchen. Man sagt im Volksmund sogar: „Diese Nacht gehört den armen Seelen.“ In so einer stillen Armenseelennacht hat sich einmal ein junger Bursch aus der Rattenberger Pfarr erlaubt, nach Siegersdorf aufs „Kammerfenster“ zu gehen. Als er da so durch die Stockfinster außerhalb des Dorfes an der „Rast“ vorbeigeht, das sind plötzlich um ihn herum hohe Feuerflammen aufgeschossen. In diesen Flammen sind viele menschliche Gestalten gewandelt, das sicher arme Seelen gewesen sind. Sie haben alle dem Burschen mit den Fingern gedroht wegen seines frevelhaften Kammerfensterlns in der Armenseelennacht. Der Bursch, der eine ganze Weile von diesen Feuerflammen eingefangen war, hat in seiner Angst laut versprochen, nie mehr in einer Armenseelennacht zu einem Mädel zu gehen. Er hat’s auch eingehalten.

Alte Prophezeiungen

In der Bachstraße in Bogen fand ich unter anderem auf einem Dachboden ein altes Heft mit handgeschriebenen Prophezeiungen von verschiedenen Weissagern.

1. Es wird in Europa ein fürchterlicher Bürgerkrieg ausbrechen, einer wird den andern zerfleischen, so daß Ströme von Blut fließen. Der Herr hat dem Sittenverderbnis lange zugesehen. Er wird die Hälfte der Menschheit ausrotten.

   Es wird eine dreitägige Finsternis kommen. Hernach wird glückliche Eintracht herrschen. Die Menschen werden an den wahren Gott glauben und glücklich sein.

2. Die Welt wird abgeräumt, weil keine Nächstenlieb mehr unter den Menschen sein wird. Der religiöse Glaube wird sehr gering sein, und man wird vor einem Priester kaum mehr den Hut abnehmen. Die Leute werden sich wie die Narren kleiden. Die Bauern kritisieren, weil sie nicht mehr Bauer sein können.

3 Im Jahre 1846 hat die Mutter Gottes einem Mädchen mitgeteilt, daß schreckliche Bürgerkriege ausbrechen werden.

4. Es wird über die ganze Erde eine dichte Finsternis hereinbrechen, die drei Tage und drei Nächte dauern wird. Unter dieser Zeit wird es unmöglich sein, Licht zu machen. Wer während dieser Finsternis aus Neugierde das Fenster öffnen und hinausschauen will oder aus dem Haus geht, wird sofort tot hinfallen.

5. Sobald die Luft vor lauter Donner ertönen wird, schließe man seine Wohnung, zünde eine geweihte Kerze an und bete bis zum Schluß der Katastrophe.

6. Es wird eine Finsternis an drei Nächten und zwei Tagen in der Natur eintreten, es wird ununterbrochen Nacht sein.

   Blutrote Wolken werden am Himmel erscheinen, das Krachen des Donners wird die Erde erschüttern. Unheilbringende Blitze werden die Straßen durchzucken und dies zu einer Zeit, wo sie sonst nicht vorkommen.

   Die Erde wird bis in ihre Grundfeste erschüttert werden. Das Meer wird ihre Wasser über das Festland schleudern, die Erde wird in einen unermeßlichen Friedhof umgewandelt werden. Ein Teil der Menschheit wird umkommen, und die Hungersnot wird groß werden. Die Strafe wird auf der ganzen Welt gemeinsam sein.

Die drei Handwerker im Himmel

von Hans Decker

Da sind amal drei Handwerksburschn gwesen. A Schuster, a Schneider und a Müller. Die ham die Untugend ghabt, daß sie den Leutn von dem gebrachtn Material was auf d'Seitn ham gschwärzt. Die drei Handwerker sand nacha bald hintereinand gstorbn. Wie sie nacher vor der Himmelstür gstandn sind, hat der Petrus gsagt: „Bevor i euch in Himmö rei laß, müaßts ihr alles herbringa, was ihr dö Leut im ganzen Lebn gstohln habts." Sie sand also runtergflogn auf d'Welt. Der Schuster hat a Bündl Leder unterm Arm gnomma, da Schneider etliche Stück Stoff, und damit sands wieder nauf zur Himmelstür. Nach langer Zeit is a da Müller schwitzend daherkomma mit an großn Sack Mehl auf seim Buckl. Er laßt den Mehlsack niederplumpsen und will glei wieder davonrenna. Und wie der Petrus meint, er soll doch dableibn, da hat der Müller aufgregt gsagt: „O mei, Petrus, do muaß i no mindestens fünf Moi runter auf d'Welt, bis i dös Mehl alles raufschlepp, dös wos i dönö Bauern und Häusler alles weggschwärzt hab."

Die zwei Spinnen

erzählt von einer Jungfrau, die 22jährig im Jahr 1873
Primizbraut machen durfte

Also, da ham sich amal zwoa Spinnen troffn, a ganz a zaundürrö und a recht a fette. „Ja", sagt die fette, „wo wohnst denn du, daß du gar so mager bist?" „Ich wohn in einem Pfarrhof", sagt die dürre, „da hat ma den ganzn Tag koa Ruah, weil die Pfarrerköchin rennt den ganzen Tag mit'm Besen und mit'm Putzhadern rum, da muaß ma grad schaun, daß ma aus'm Weg kommt, da kann ma wirklich nöt fett werdn." „Da habs i scho schöner", sagt die fette, „i wohn in am Kloster, da halt i mi dö meistö Zeit in dene Weihbrunnkesserl auf, da hab i mei Ruah, weil im Kloster den ganzn Tag niemand ins Weihwasserkesserl nei langt."

Der schwarze Hund
von Hans Decker

Jetzt laß dir einmal sagn, was ich dir erzähl. Im Jahr 1914 is gwesn, da is a Soldat vom Krieg in Urlaub heimkomma. Da is er an einem Abend nach Dürmaul gangen und hat sich erst so um 12 Uhr nachts rum auf den Heimweg gmacht. Wie er da in größter Still an der Einstickerkapelle bei Haselbach vorbei geht, schleicht sich da hinter der Kapelle ein kohlschwarzer Hund raus. Der Hund hat sich mittn aufn Weg gstellt und hat den Soldatn keinen Schritt mehr gehn lassen. Der Soldat ist einige Schritte zurückgerumpelt und hat sich einen anderen Heimweg ausgesucht. Am andern Tag ham die Leut erzählt, daß alle Nacht bei der Einstickerkapelln ein schwarzer Hund zum sehen ist.

Urwüchsige Waldler

Noch nach 1900 hat's im Bayerischen Wald Familien gegeben, die noch uralte Tradition weiter pflegten. Da weiß ich z. B. einen Hof im Vorderen Wald, auf dem noch echtes Bauernleben waltete. Lauter geschickte Leute lebten auf dem Hof. Es gab fast kein Gerät oder Werkzeug, das man sich nicht selber anfertigte. Eine mordsgroße eigene Bauernschmiede war sogar beim Hof. So machte man sich ganze Dung- und Leiterwägen selber und beschlug sie in der Schmiede. Alle Schaffeln und Zubern wurden in eigener Werkstatt gemacht, und im Winter flocht man alle Kirmen und Körbe, die für den Hof gebraucht wurden. Das allermeiste wurde in der besonders großen Bauernstube angefertigt. Um den Hof herum standen nach altem Waldlerbrauch uralte hochstämmige Obstbäume und am Hang etwa 30 große Walnußbäume. In der Mitte eingebettet der stattliche große Hof. Was war das besonders im Frühjahr für eine Pracht, wenn die Bäume alle in herrlicher Blüte standen, Hunderte von Singvögeln in diesem Riesenobstgarten ihr Brutgeschäft begannen, dazu das rührige Leben der Bewohner in und um den Hof. Wurde im Winter im Wald draußen ein größerer Baum abgeschnitten, dann sind alle beteiligten Personen erst dreimal um den Riesen gegangen und haben dabei laut drei Vaterunser gebetet, als Dank, weil der Herrgott den Baum so schön wachsen hat lassen. Weiter wurden auf dem Hof uralte Bräuche gepflegt, das ganz Jahr über. Ein Doktor oder Tierarzt wurde nie auf den Hof geholt. Eine Unmenge Heilkräuter wurden alle Jahre getrocknet, und man kannte sie alle von Urgroßmutters Zeiten her, wozu sie gut waren. Alle Medikamente für Mensch und Vieh setzte man selber aus natürlichen Dingen zusammen. So fing man z. B. am großen Frauentag (15. August) Kreuzottern. Um diese Zeit, so sagte

Winterwald auf den Vorwaldbergen

man im Volksmund, haben die Kreuzottern das meiste Gift in sich. Diese Ottern kamen in eine alte Röstpfanne, und man buk sie auf dem offenen Feuer, bis sie richtig knusprig waren. Gleich im heißen Zustand wurden sie zu Staub zerrieben und in Dosen aufbewahrt. Bekam z. B. ein Vieh im Stall „Futterverstellung“ (Verstopfung) so gab man ihm ein Stäuberl von dem Kreuzotternstaub ins Getränk, und das räumte die Viecher wieder gut durch. Einmal, da hat der Bauer einen Jungochsen abgerichtet, was Können und Geduld verlangte. Und wie sich halt ein noch unerfahrener Ochs dumm anstellt, tritt er nicht den Bauern in seinen Holzschuh. Der Bauer hätte plärren können vor Schmerz. Er konnte mit seinem Fuß nimmer aus dem Holzschuh, weil der Ochs nicht zurückgetreten ist. „Grod i wenn heraußt wär vom Holzschua“, hat der Bauer den Ochsen ins Ohr geschrien, „du kannst vo mia aus drin bleim!“ Ja, das ist noch ein kleiner Hauch urwüchsiges Waldbauerntum. Stundenlang möchte ich am liebsten aus diesem einstigen Naturleben erzählen. Die Menschen, vor allem der Bauer, lebte mit der Natur, er hing mit Leib und Seele an seinen Ererbten, an seiner Heimat. Er fand auch an der schwersten Arbeit seine Freude, am Leben seine Zufriedenheit, und er wurde alt dabei.

Der Teufel auf dem Heuboden

vom Drexler Jackl

Die Geschicht, die ich dir jetzt erzähl, die wirst mir halt nicht glauben wollen, aber sie ist wahr. Ich bin in Haibach aufgwachsn in am kloana Häuserl. Und weil wir eben wenig Platz ham ghabt, so ham mir alle Jahr im Sommer einen Teil des Heus über unserer Wohnstubn (Stubenboden) lagern müssn. Und wie da mein Vater wieder amal Heu runterwerfn will, hockt da im Heu der wahrhaftige Teufel. Er hat sich gleich zu mei'm Vater hingschlichn und wollt mit ihm allerhand verhandln. Mei Vater aber hat glei d'Heugabl packt und is auf den Teufl drauflos. Einen entsetzlichen Kracher hats getan, der Teufl is fort und hat sich nie mehr sehn lassen.

Im Himmel droben

von Frau Decker

Da ist also im Himmel drobn amal a ganz a groß Fest gfeiert wordn. Die wenign Leut, die im Himmel drobn sand, dö ham n'Petrus gfragt, was denn heut los ist, ob am End gar wieder ein Papst gstorbn is. „Na, na“, hat der Petrus gsagt, „eine Pfarrerköchin is gstorbn, und dös muaß richtig gfeiert werdn, weil dös kommt alle 100 Jahr bloß einmal vor, daß a Pfarrerköchin im Himml kommt.“

Jeden Tag Fleisch?

von Jakob Drechsler

Fleisch ist bei vielen Leuten in manchen Zeiten ein Fremdwort gewesen. Da hat amal a Bauer an Knecht gedingt. „Bei mir“, hat der Bauer beim „Andingen“ gsagt, „kriegt einer jeden Tag Fleisch“. Das ist dem Knecht ganz recht gwesn, und er hat gern eingschlagn. Es sind 14 Tag, es sind drei Wochn vergangen, aber es hat koan Brockn Fleisch gebn fürn Knecht. Und wie der Knecht das endlich beanstandet hat, da hat der Bauer nur glacht dazua und hat gmeint: „I hab gsagt, bei mir kriegt „einer“ jedn Tag Fleisch, und das bin halt ich.“

Ein Zaubermittel

vom Drexler Jackl

Mei Mutter, gottselig, hat uns Kindern diese Gschicht oft erzählt. Da is also a Näherin zu am Bauern auf d'Stör ganga. Am Nachmittag hat die Bäurin angricht zum Ausrührn (Ausbuttern). Wia da Rahm im Butterfassl gwesn is, hat die Bäurin von der Fensterstell a Dosn runtergholt, da hatt's a paar Bröserl rausgnomma und hatt's ins Butterfassl falln lassen. Und man möcht's nöt glaubn, so viel Butter is aus dem Rahm wordn, daß die Bäurin während des Ausrührens dreimal hat das Butterfassl leern müssn. Wie dann die Bäurin grad draußn war, hat sich die Näherin schnell etlichö Bröserl aus der Wunderbüchsn rausgstohln. Daheim hat sie diese, wie die Bäurin auch, übern Rahm ins Butterfassl gstreut. Während die Näherin nacher beim Ausrührn is, kommt a Jäger zur Tür rein, geht schnurgrad auf die Näherin los und meckert sie an, sie hätt der Bäurin vom Zaubermittl was gstohln, das er der Bäurin nur durch eine gute Handelschaft gschenkt hat. Dös Zaubermittl, hat der Teufl gsagt, hilft nur, wenn er sie (die Näherin) beim Sterbn amal holn darf. „Dös kann i dir nöt versprechn“, hat die Näherin gmeint, und schon ist der seltsame Jäger verschwundn. Und wie die Näherin hernach s'Butterfaß aufmacht, da is der Butter kohlschwarz gwesn.

Alter Bauernschrank mit Trachten und handgewebter Bettwäsche

Der Mondsüchtige

vom Drexler Jackl

Wenn i allemal ins Erzähln komm, dann fällt mir dö Gschicht von am Mondsüchtign ein. In Geiselhoring is gwesn, da ham zwoa Maurer im selbn Stüberl gschlafn. Allemal, wenn bei Nacht der Mond a bisserl durchs Fenster gleucht hat, ist der eine aufgstandn, ist so wie er gwesn ist im Leinenhemd mit der Leiter aufs Dach nauf gstiegn und nebn der Dachrinn solang hin und her gangen, bis der Mond wieder fort war. Nacher is er wieder runtergstiegn und hat sich mir nichts, dir nichts ins Bett glegt. In der Früh aber hat er nie was gwußt davon.

Mittagessen beim „Wastlbauern" in Kolmberg, um 1920

Das Wildschwein
von einem alten Jäger

Jetzt lus einmal zu, wie es da einem Bauern einmal ergangen hat. Ein Bauer ist da einmal ganz alleine im Wald gewesen bei der Holzarbeit. Wie er da so in Ruhe dahinarbeitet, rennt aus dem Dickicht plötzlich eine Wildsau auf ihn zu. Der Bauer ist schnell auf den aufgerichteten Holzstoß hinauf. Aber auch da ist der wütende, angeschossene Keiler hinaufgesprungen. Alles Herumschlagen des Bauern mit einem Holzscheit hat nichts geholfen, im Gegenteil, der Keiler ist immer wilder geworden. Der Bauer, der schon starke Rißwunden an den Füßen hatte, versuchte in seiner Not noch auf einen Baum zu kraxeln. Aber auch da hat ihn der Keiler noch bei den Füßen erwischt und hat in bös zusammengerichtet. Der Bauer hat nun angefangen, entsetzlich zu schreien. Da ist in letzter Minute noch ein Hund dahergerannt, der dem Bauern wenigstens das Leben gerettet hat. Der Keiler ist gleich auf den Hund los gesprungen. Der Bauer hat trotz seiner zerbissenen Beine noch seinen Hof erreicht, hat aber gleich fort müssen ins Krankenhaus.

Ein Liebespaar im Fangnetz

von einem Jäger

Die Geschichte, die ich dir jetzt erzähl, ist es auch wert, daß man sie nicht ganz vergißt. Da hat einmal ein Jäger zwei Wildschweinnetze im Wald errichtet. Wie es nun der „Deifl“ haben will, geht da an dieser Stelle ausgerechnet ein Liebespaar spazieren. Die Sauvorrichtung hat sich ausgelöst, und das Paar war, Gott sei Dank unverletzt, im Netz. Es hat die ganze Nacht in diesem sonderbaren Gefängnis bleiben müssen, bis sie der Jäger am andern Tag erst befreit hat.

Vom Schelten

vom alten Popp, Mitterfels

Es gibt Leut, die bei jedem kleinen Ärger gleich anfangen zu schelten. Da ist auch einmal so ein Knecht gewesen, der jeden Tag in Stall, Stadl, auf Wiesen und Feldern herumgelästert hat. Seine Bäuerin, eine tieffromme Frau, hat's ihm oft gesagt, daß ihm die Schelterei kein Glück bringt, aber er hat sich nichts sagen lassen. Da ist er wieder einmal mit den zwei Rössern unterwegs gewesen, und es ist schon finster geworden. Er wollt die Rösser zum Traben antreiben. Weil aber die Rösser eh steinmüd gewesen sind, haben sie nimmer laufen wollen. Schon hat der Knecht wieder angefangen, lästerlich zu fluchen. Das hat er aber schwer büßen müssen. Er hat es nämlich gar nicht gemerkt, daß er während der Schelterei an einer Totenbrettergruppe vorbeigefahren ist. Samt Roß und Wagen ist der nämlich auf der Stell für immer verschwunden.

Eine Herrgottsfrevlerin

vom Wiesmeier, Bogenberg

Da ist amal a Frau gwesn, do hat vom Herrgott gar net viel wissn wolln, ja sie hat sogar noch blöd rumgfrevlt. Wie sie da wieder einmal grad in d'Stubn nei geht, da steht a kohlschwarza Mann drin. Wie sie ihn nacher gfragt hat, was er will und warum er da is, da hat er ihr zur Antwort gebn: „Weil Du immer statt beten freveln tust. Ich bin der Teufel“, hat der schwarze Mann gsagt, und schon war er mit dieser Frau verschwunden. Es muß also wirklich der Teufel gwesn sein.

Die neue Nähmaschine

In der Näh von meim Geburtshaus is gwesn, da hat amal a recht a sparsamer Mann (er is zugleich a echts Original gwesn) seiner Frau a neue Nähmaschin versprochen. Moderne Transportgelegenheiten hat's damals no wenig gebn, außerdem hätt dös a was kost. Jeder Pfennig is doch damals meist dreimal umdreht wordn, bevor man ihn ausgebn hat. So hat sich also der guadö Mo zwoa Traggurtn in sei Joppntaschn gsteckt und hat sö zu Fuß auf den fünf Stundn weitn Weg gmacht in die Stadt Cham. Dort hat er, versteht sich, vom Preis noch einige Zehnerl runterghandelt und hat sö dann dö schwere gußeiserne Nähmaschin auf sein Buckl packn lassen.
Auf'm weitn Hoamweg hat er etlichö Mal rastn müassn. Gschwitzt hat er wia a alter Gaul wiara endlich dahoam ankomma is. Am liabsten hätt er sich vor Müdigkeit glei umfalln lassn. Aber, aber! Wia sei Weib voller Freud dö neue Nähmaschin hätt glei ausprobiern wolln, da hat dös kleine Schifferl gfehlt, auf dös der Unterfadn gspult wird. Ohne dem Schifferl kann man nicht nähn. Der Verkäufer hat halt vergessen, dös Schifferl einzubaun. „Da muaß i in Gottn Nam dös Schifferl noch holn." „Und wer soll nacher dös Schifferl in die Nähmaschin neibaun?", hat sei Weib gmoand. Also is dem guadn Mo nix anders

Die Türme von St. Peter und Paul in Oberalteich im Rauhreif

Seerosen und Schlingpflanzen im Arbersee

übrig bliebn, als daß er dö Nähmaschin nomoi auf sein Buckl gnomma hod und hods in d'Stadt Cham tragen. Stockfinstre Nacht is scho gwesn, wia dea armö Mo dahoam wieder ankomma is mit da neua Nähmaschin und dem einbautn Schifferl.

Ein rohes Stückl

Zu meiner Jugendzeit gab es noch sehr viele Hausschlachtungen. Der Fleischbeschauer wurde dazu geholt. Neben seinem vorgeschriebenen Lohn bekam er fast überall extra noch einige Blut- und Leberwürst, die er immer gleich in seinem Rucksack verstaute. Als er nun wieder einmal mehrere Fleischbeschauungen an einem Tag hinter sich hatte und der Rucksack vollgepackt war mit saftigen Würsten, da kaufte er sich auf dem Heimweg in einem Wirtshaus einige Halbe. Im Wirtshaus saßen etliche Zechbrüder beisammen, und es gab Unterhaltung und Gaudi. Der Fleischbeschauer nahm seinen schweren Rucksack vom Buckl und setzte ihn hinten bei der Wirtshausstubentür auf die Bank. Und weil der Fleischbeschauer halt auch einmal hingehen muß, wo

Eine sogenannte „Habergeiß". Sie steht für heidnisches Brauchtum

auch der Kaiser zu Fuß hin geht, so haben ein paar Zechbrüder das gleich ausgenutzt. Sie räumten ihm alle Würste aus dem Rucksack und steckten ihm dafür eine alte, tote, zaundürre Katze hinein. Kannst dir vorstellen, wie seine Frau daheim staunte, wie sie wie gewohnt freudig den Rucksack leerte.

Die Gschicht von dem „Häusl"

Mit „Häusl" hat ma bei uns im Woid dös kloanö Nebngebäude vom Wohnhaus gmeint, dös bei Bauern gewöhnlich über der „Schwemm" gstandn is. Und weil mir daheim keine Schwemm ghabt ham, so is halt unser „Häusl" (Abort) auf der Gred überm Misthaufn gstandn. Ja, und wie nacher wieder amal a neus Häusl fällig gwesn is, da hat einen Bruder von mir der Unternehmungsgeist packt. „Heut", hat er gsagt, „mach i no a neus Häusl, und glei fang i o, weil bis zum Abend muaß fertig sei." Und weil im Freien draußen tiefster Winter gwesn is, so hat er sich Bretter und Werkzeug in die Fletz (Hausflur) gholt. Und weil das alte „Häusl" immer ein bisserl zu eng gwesn is, hat mein Bruder dös neue ums Kennen breiter gmacht.

Zugegangen hat's dann in der Fletz den ganzen Nachmittag wie in einer kleinen Zimmerei. So um fünf Uhr abends, es hat schon angfanga zum Nachteln, schreit mein Bruder stolz durch die Stubentür: „Otto, s'Häusl is fertig, hilf mir's aussitragn und aufstelln!" Wir alle, auch unsre Mutter, haben erst einmal das neue Häusl mit Freudn angschaut und es überaus globt, daß es so schön, praktisch und stabil gebaut ist. Ja, so ein Häusl muß erst amal gmacht sei! Und unsern Bruder hat man auch einen gewissen Stolz angmerkt. Ja, und dann haben wir zwei stärkeren auch gleich angepackt, hau ruck! Einer hint, der andere vorn. Is auch gleich ganz gut gangen. Aber nur bis zu der Haustür. Da ham mir nämlich glei festgstellt, daß dös neue Häusl genau um zweieinhalb Zentimeter zu breit ist und sich auf keinen Fall durchzwingen läßt. An einem Türstock aus Granit, wie der unsrige einer gwesn ist, da laßt sich halt nix dehnen. Das Abbauen des Häusls in der Fletz ist nacher ziemlich schnell vor sich gangen. Und schon am Samstag drauf is a anders neus Häusl draußn gstandn in der Fletz, und der Haustürstock is auch nimmer zu eng gwesn.

Bei der Schergenkapelln

vom Allmeier aus Altrandsberg, 1970

Zur alten Burg Altrandsberg hat auch a Scherg ghört. Der hat in am Häusl gwohnt, außerhalb Altrandsberg, wo der Weg nach Hammersdorf geht. Es is scho lang her, da is amal da Wind a so ganga, daß dös reparaturbedürftige Häusl eingstürzt is. Wia da Scherg gstorbn is, hat a Bäurin aus dem verfallnen Schergnhäusl a Kapelln eigricht. Eines Tages hat dann a arma Weber sein Webstuhl da drin aufgstellt, und die altn Heilignfigurn, dö hat er alle rausgworfn. Dös hat dem Weber aber koa Glück bracht. Alle Tag war in da Früh dös ganze Flachsgarn zerzaust. Bald ham's alle Leut in der Umgebung gwußt, daß in da Schergnkapelln weihezt. Der Weber is a recht a furchtloser Kerl gwesn, er hat sich bei der Nacht auf d'Lauer gstellt, damit er sieht, was da füa a Weihaz umgeht. Wias aber vom Mossbacher Kirchturm Mitternacht hat gschlagn, is in da Webstubm alles durcheinander gflogn. Da sieht der Weber grad noch an kohlschwarzn Mann am Webstuhl sitzn. Der Weber hat laut angfangen zu beten, und von da an is Ruhe eingekehrt in der Webstubn.

Das Schwarzbuch

vom Wiesmeier, Bogenberg

Die Gschicht, die ich dir jetzt erzähl, die ist zu meiner Jugendzeit noch oft am Biertisch erzählt worden. Fast jeder Müller hat ehers ein sogenanntes Schwarzbuch ghabt. Warum ausgerechnet die Müller, das weiß ich auch nicht. Mit so einem Schwarzbuch hat man viel zaubern können. Da hat nun ein Müller bei Nacht oft aus so einem Zauberbuch glesn. Hat aber vergessen, daß er's in der Früh in den Kasten gesperrt hätt. Ist denn nicht der Müllersbursch über dieses Büchl gekommen und darin s'Lesen angfangen. Aber sofort is s'Fenster aufgflogn, und a Herd kohlschwarze Rabn sand reigflogn. Der Mühlbursch hat sich gar nimmer z'helfn gwußt. Wie nacher der Müller selber in d'Stubn komma is, hat er schnell dös schwarze Buch gnomma und hat angfanga, von ganz hint rückwärts zu lesen. Die Rabn sand alle zum Fenster naus, und es war wieder Ruh. Der Mühlbursch hat sich ins Bett legen müssn und in wenign Tagn war d'Leich.

Das Dreikönigswasser

Schon seit Jahrhunderten werden in besonderen Nöten die Heiligen Drei Könige um Hilfe angerufen und auch hoch verehrt. Man hat sie angerufen bei Krankheiten, bei Gewittern und vor allem gegen Hexereien und Geistereien in Haus und Hof. Da hat nun in meiner früheren Heimat ein Mädl gelebt, die war von einer recht seltenen Krankheit geplagt. Bei Tag hat man dem Mädl gar nichts angemerkt, jede Nacht aber hat sie geschrien, wie wenn sie entsetzliche Schmerzen hätt. Da hat man diesem Mädl geraten, sie solle sich doch einmal mit geweihtem Dreikönigswasser auswaschen. Das Mädl hat den Rat befolgt, und es war sofort befreit von dieser rätselhaften Krankheit.

Die Oberbremeckerin

1896 bin ich geboren in Weidenschaft oben, mitten in der Einöd. Eineinhalb Stunden haben wir gehen müssen zur Schule nach Rattenberg hinunter. Im Winter ist das schon anstrengend gewesen. Wir hatten daheim nur ein kleines Höfl am Berg und mitten im Wald. Wie ich aus der Volksschul gekommen bin, hab ich gleich fort müssen von daheim zum Bauerndienen. Zu meiner Kinderzeit sind die Weiberleut abends im Winter noch fleißig zur Roggenrais, zum Flachsspinnen, gegangen in andere Stuben. Wir sind meist zum Friedenstadl gegangen, da ist es immer am schönsten gewesen. Die Friedenstadlerin ist eine seelengute und tüchtige Bäuerin gewesen. Eine solche steht nimmer leicht auf. Sie hat sich gefreut, wenn es lustig in Ehren zugegangen ist. Da sind uns nicht selten gleich acht bis zehn Spinnerinnen beisammen gesessen. Manchmal sind zur Faschingszeit auch Maschgara in die Spinnstube gekommen, die haben dann mit Ziehharmonika oder auch mit Mundharmonika Musik gemacht. Der Bauer hat diesen Maschkerern oft ein Zehnerl geschenkt, für das sie ihm recht gedankt haben.

Da Wasserbamvearö

von meinem Bruder Fritz

Da Wasserbamvearö kimd ös Wirtshaus dahea
Duascht hod a mentrösch und Hunger no mea.
Ea friemt sö a Maß o und fragt nacha d'Wirtin,
ob a nöd a Schüssal voi Suppen hom ko.
A Earapfösuppen wenn a mächt"
Ja, ja, sagt da Vearö, dö wa ma scho rächt.
Scho noch a na Weil bringts ös und a Brot a dazua,
da Vearö brockt sö ei, bis a moant, es is gnua.
Naha rührt a mit'm Löffö oiss schö durchanand,
wia mas hoid macht, wenn ma ißt mit Vostand.
Af oanmoi ziagt a aus da Schüssl a Ding,
Frau Wirtin, wos is an dös füa ra Gschling ?
Voflixt, meina Nannerl sei Strümpferl
hobs scho üwaroi gsuacht.
Owa ninx Unrechts is dös Kindastrümpfal fei nöd.
Na, na sagt da Vearö, vo dem is koa Red.
I bin o aa nöd so frei, owa um dös Kindastrümpfal kannt hoid
mea Suppn drinn sei.

Von alten Musikern

Die Blaskapelle Bugl, Schwarzach

Der Kapellmeister Sepp Bugl stammt, wie er selber erzählte, aus einer musikalischen Familie. Als junger Bursch erlernte der Sepp in der Kapelle Klein in Hunderdorf das Trompetenspielen, als erstes den Begleitbaß. Bis zum Beginn des Zweiten Weltkrieges 1939 spielte der Bugl Sepp mit der Kapelle Klein Xaverl, Hunderdorf. Während des Krieges löste sich fast alles auf.

Nach dem Zweiten Weltkrieg hatte die Kapelle Klein, Hunderdorf, kein Interesse mehr noch weiterzuspielen, und so kam es, daß sich der Bugl Sepp, nachdem er 1945 aus englischer Gefangenschaft heimgekehrt war, selbständig machte. Es waren ihnen vorerst vier Brüder, die zum Teil von ihrem Bruder Sepp das Spielen lernten. Die erste Besetzung: S-Trompete, großer Baß, Tenorhorn, Flügelhorn. Man erlernte weitere Instrumente. Im Herbst 1945 konnte der Bugl Sepp mit seiner neugegründeten Kapelle die erste Hochzeit aufspielen. Er hatte einige Mann von der Kapelle Grimm aus Haselbach zu leihen. Auch der Meister Sepp Bugl spielte aushilfsweise öfters mit der Kapelle Grimm. Der Bugl Sepp wurde mit seiner rührigen, wenn auch kleinen Kapelle recht bald weit und breit bekannt und beliebt. Sie spielten bei Hochzeiten, Tänzen, Fahnenweihen, Beerdigungen, Volksfesten usw. Am Heiligen Abend blies der Meister Bugl gern alleine mit seiner Trompete auf dem Kirchturm das Christkindl an mit dem Lied „Stille Nacht“. In Schwarzach bei Bogen, seinem späteren Heimatort, ging die Kapelle Bugl zu Neujahr von Haus zu Haus „Neujahrsanblasen“. Dabei spielte man meist vor dem Haus, selten im Haus.

Zum Tanz spielten sie die herkömmlichen Musikstücke, Märsche, Ländler, Walzer, Dreher, Zwiefache usw. Das Notenmaterial schrieb sich Bugl von anderen Kapellen ab. Der Meister Sepp Bugl ist nicht nur beliebt als Trompeter. Er ist Organist, hat schon viel mit der Ziehharmonika aufgespielt bei kleineren Veranstaltungen und hat, was man besonders hoch achten muß, vielen jungen Menschen die Volksmusik gelernt, mit Trompeten, Zithern, Gitarren und mehr. So lernte er z. B. den Schmelmer-Derndln von St. Englmar das Zitherspielen. Die Schmelmer-Derndln sind heute sehr beliebt.

Im Auftrag des Volksbildungswerkes erlernte er mit viel Mühe einer jungen Gruppe aus Niederwinkling das Trompeten-Spielen.

Wie der nun schon 86jährige Meister erzählt, konnte man als Musikant in so vielen Jahren auch so manches ärgerliches erleben.

„Einmal", so erzählt er, „war in Winkling eine große Hochzeit. Schon um sechs Uhr früh wollten wir beginnen mit dem Zusammenspielen der Ehrengäste, wie es im Wald der Brauch ist. Wer aber nicht zur rechten Zeit kam, das waren drei Musikanten. Wir warteten schon eine Dreiviertelstunde mit Schmerzen auf sie. Endlich kam einer nach dem anderen dahergeschlichen. Zwei davon hatten gleich die Ausrede, das Motorrad sei nicht angesprungen. Der dritte kam mit einer leicht verbundenen Hand und klagte, er habe in der Früh noch etwas zu schreinern gehabt und habe sich die Hand verletzt. Als er dann aber beim Spielen die Hand freimachte, stellte sich heraus, daß ihm gar nichts fehlte, sondern er hatte sich nur verschlafen. Und stell dir vor, bald erfuhr ich, daß bei den andern zweien dasselbe der Fall war. Der Blamierte bei den Hochzeitsehrengästen ist ja leider der Kapellmeister."

Der Bugl Sepp war mit seinem hohen Alter immer noch recht aktiv.

Seine Blechmusikkapelle aber hat leider, leider vor kurzem das allerletzte Mal aufgespielt. Fast alle seine treuen Musikkameraden sind weggestorben.

Vor wenigen Jahren wurde von der Kapelle Bugl eine Schallplatte aufgenommen, Märsche und Bayerische.

Die Blechmusikkapelle Rattenberg

Der Lenz Sepp und die Lenznicklroserl erzählen:

Bis um 1910 spielte in Rattenberg bei Hochzeiten und anderen Festen meist die Kapelle Grimm aus Haselbach auf. Im Jahre 1910 gründete der Lenzschuster (Josef Holzapfel) aus Rattenberg eine tüchtige Blechmusikkapelle. Sie bestand vorerst nur aus vier Mann. Es waren die vier Brüder Josef, Nikolaus, Xaver und Hansl Holzapfel. Die musikalische Anregung hatten diese vier Brüder von ihrem Vater geerbt, der ein ausgezeichneter Bandoneonspieler war und gerne bei kleinen Festlichkeiten in den Wirtsstuben aufspielte. Der Gründer der Kapelle, der Josef, hatte in Roding bei der Kapelle Brem das Trompetenspielen gelernt. Er erlernte es dann seinen drei Brüdern. Die allererste Besetzung bestand aus zwei Trompeten, die der Leiter der Kapelle, Josef, und der Hansl spielten. Der Nickl blies die große Baßtrompete und der Xaver das Tenorhorn. Aber schon in wenigen Jahren vergrößerte sich die Kapelle auf 10 Mann. Musiker aus den Nachbardörfern Moosbach und Kasparzell schlossen sich an, so z. B. der Xaver Holzapfel aus Kasperzell und der Mühlbauernschuster und dessen Sohn aus Moosbach. Bald wuchs die Kapelle auf 16 Mann, so daß bei Hochzeiten in doppelter Besetzung gespielt werden konnte. Ab 1920 war die Besetzung meist wie folgt: S-Trompete, B-Trompete, Flügelhorn, Tenorhorn, erste und zweite Baßtrompete, Posaune, Bombardon und Trommel. Auf den Tanzböden wurden vor allem Märsche, Walzer, Länd-

Die bekannte und geschätzte Blechmusikkapelle Holzapfel aus Rattenberg

ler, Rheinländer, Polka, Bayerische und Volkstänze gespielt. Das Hüaddamadl, das Spinnradl, der Kikeriki, den Polstertanz, den Zipfeladam und den Schustertanz spielten sie besonders gern auf. Beim letzteren gingen die Burschen in Hockerstellung, und die Mädchen legten einen Fuß auf das rechte Knie des Burschen. Der Bursch klopfte mit dem Fuß des Mädchens auf seine Knie wie ein Schuster mit dem Hammer auf den Schuh. Mit Vorliebe wurden natürlich der Dreher und die vielen Bayerischen aufgespielt und getanzt. Viele Namen dieser Bayerischen wurden vom Volk selber erdichtet, wie z. B. der Haderlump, der Zitterer, der Deifö, der Fuchsbauer, der Bettlgirgl, da Hemmadstouß, Bummerl steiß nöt, Stoitürl und viele andere. So hatte gar oft derselbe Tanz im Nachbarsdorf schon einen anderen Namen. Die Rattenberger Blechmusikanten spielten bei vielerlei Anlässen auf. Zum Tanz, bei Hochzeiten, Fahnenweihen, Betriebsfeiern, zum Kirta vor dem Wirtshaus, bei Beerdigungen, in der Kirche bei festlichen Ämtern, z. B. an Ostern und bei der Fronleichnamsprozession, am Heiligen Abend das Turmblasen sowie das Neujahrsanblasen am Neujahrstag-Nachmittag auf dem Dorfplatz und auch in Stuben. Das Notenmaterial hatte man sich von anderen Kapellen angeeignet.

Man schrieb die Noten alle noch mit der Hand ab. Besonders viel bekam man von der weitbekannten Blaskapelle Bosl aus Cham. Die Kapelle Holzapfel spielte gewöhnlich nur in der Nähe der eigenen Pfarrei auf. Es gab damals auch gewisse Vorschriften, daß man in bestimmten Revieren nur mit Genehmigung aufspielen durfte. Gespielt haben die Rattenberger aber auch in Altrandsberg, Moosbach, Blaibach, Wettzell, Kasparszell und Konzell. Um 1923 nahm eine Nürnberger Firma von der inzwischen schon beliebt gewordenen Kapelle Holzapfel eine Schallplatte auf mit Märschen und Bayerischen. Organisator war damals der Herr Maier aus Altrandsberg, der die Schallplatten dann auch verhausierte. Der Nikolaus Holzapfel, einer der vier Gründungsmitglieder, übernahm dann um 1927 die Leitung der Kapelle. Er lernte vielen Buben das Trompetenspielen, und er war dabei überaus streng. Nicht der geringste Fehler, so sagte er immer, darf beim Auftreten vorkommen. Bei Leichtsinn gab es Watschn. Durch diese Strenge lernten aber die Lehrbuben große Tüchtigkeit. Schon nach einigen Monaten Lehrzeit konnten die Buben bei Beerdigungen mitspielen. Der Nickl legte bei seiner Kapelle großen Wert auf ordentliche Kleidung. Um 1930 kaufte er all seinen noch geldarmen Lehrlingen einen Frack mit Zylinder. Der Nickl wurde nicht nur beliebt als hervorragender und charaktervoller Kapellmeister, sondern auch als Kirchenchordirigent, den er bis zu seinem Lebensende mit großem Eifer machte.

Die Musikkapelle Grimm aus Haselbach

In der zweiten Hälfte des vorigen Jahrhunderts wurde von Johann Grimm die sogenannte „Grimmkapelle" gegründet. Zu den Gründungsmitgliedern gehörten einige Brüder des Gründers. Einer späteren Kapelle gehörten Grimm Johann, Hanslbauer Gottfried und einige Neffen des Grimm Johann an. Sie spielten nicht nur Blechmusik, sondern auch mit Geigen, Flöten, Gitarren usw. Auf dem Tanzboden wurden wie üblich Märsche, Polka, Bayerische, Schottisch, Dreher und auch viele Volkstänze aufgespielt."

Gespielt wurde damals unter anderem noch mit C-Trompete. Wie mir der Grimm Willi noch erzählte, spielten die Grimm-Musikanten auch viel bei kirchlichen Festen, bei Hochämtern wie auch bei Primizen. Der Grimm Nikl leitete auch viele Jahre den Kirchenchor in Haselbach. Über 100 Jahre sind die Grimm-Musikanten weit herum aufgetreten, und sie waren mehr als beliebt. Sie waren auch in guter Verbindung mit der Stadtkapelle Kagermeier Straubing und auch mit der Blaskapelle Bosl in Cham. Wie mir noch alte Musiker erzählten, die mit der Kapelle Grimm noch spielten, mußten die Musiker gar oft Durst leiden, da ihnen der Meister nur sehr selten einschenken ließ. Brotzeit hatten sie meist von daheim mitgenommen und verspeisten die-

Die weit und breit bekannten Grim-Musikanten aus Haselbach, um 1920

se während den Spielpausen. In den siebziger Jahren spielten die Grimm-Musikanten das letzte Mal auf. Sie sind durch ihren charaktervollen Humor und durch ihr Können heute noch in weiter Umgebung in guter Erinnerung.

Die Kramerdirndln

Geschwister Ettl, Konzell

Die zwei Schwestern Rosa und Anna Ettl aus Konzell waren nicht nur bekannt, sondern auch beliebt und begehrt als Volkssängerinnen. Weil ihre Eltern einen Kramerladen neben der Landwirtschaft hatten, so nannte man sie einfach „Kramerdirndln". Rosa berichtet:

Ich stamme aus einer uralten musikalischen Familie. Wieviele Generationen dieses Musikalische schon zurückreicht, das kann ich überhaupt nicht sagen. Mein Vater hat öfters gesagt: „Bo uns is allerweil scho gsunga wordn." Mein Vater, der Johann Ettl, wie auch sein Bruder, der Adam, haben schon von Jugend auf viel gesungen und auch Zither gespielt. Sie waren mit ihren uralten Liedern und Musikstücken bei bäuerlichen Veranstaltungen recht gefragt, und sie sind auch recht weit herumgekommen, so z. B. bis nach Wiesenfelden. Mein Vater probierte öfters seltene Kunststücke aus. So spielte er z. B. Gitarre und Mundharmonika zugleich. Als ich zwei Jahre alt war, starb meine Mutter, und so sind wir Kinder, versteht sich, recht am Vater gehangen. Wir Geschwister waren wirklich alle musikalisch. Schon als Kleinkinder sang uns der Vater verschiedene Gsangl und Schnaderhüpfl vor. Ich war drei Jahre alt, als mir der Vater das erste Kinderliedl auswendig lernte. Das ist nun schon lange her, denn heut bin ich schon weit im Siebziger. Zwei Strophen von diesem ersten Liedchen kann ich noch, mehr nimmer. Die erste Strophe heißt: „Sand unsa acht Gschwista, und i bin dö kloa, owa ös deaft's ös nöt glaum, i bleib a nöt aloa." Zweite Strophe: „Sama acht Gschwista und i bin dö gleanst, owa ös deafts ös nöt glaum, i bin do dö allaschönst." Ja und mit 10, 12 Jahren haben ich und meine Schwester Anni daheim in der Stube schon zweistimmige Liedl gesungen. Alles Liedl, die uns unser Vater vorgesungen hat. Nur ein oder zweimal haben wir diese Lieder vom Vater zu hören brauchen, und schon haben wir sie nachgesungen. Als ich 13 Jahre alt war, bin ich mit meiner Schwester Anna das erstemal in unserem Dorf öffentlich aufgetreten. Mehrere Geschwister sangen in Konzell auf dem Kirchenchor. Für 40-jährige Treue bei unserem Kirchenchor bekam ich vom Herrn Pfarrer eine Auszeichnung, was mich schon freute. Ich habe immer erste Stimme gesungen und meine Schwester Anna die zweite. Unsere Volkslieder begleiteten wir manchmal auch mit Gitarre und meine Schwester auch mit der Zither. Zwei Schwestern von mir waren im Kloster Burghausen. Von denen haben wir auch viele Lieder gelernt und auch Texte bekommen. Die meisten Lieder aber, die wir sangen, stammen vom Vater und vom Großvater. Sie wurden zum Teil auch von ihnen selbst gedichtet und alle ohne Noten. Die Melodien haben uns der Vater oder die Klosterschwestern (von denen die eine Musiklehrerin wurde) vorgesungen, und wir haben alles auswendig nachgesungen. Nur auf dem Kirchenchor haben wir mit den anderen nach Noten gesungen. Einige Lieder, die wir zwei gesungen haben, will ich dir nennen: „Straráchan", „Voglgsang", „Fuhrmannssohn", „Konzeller Arie", „Hörst du wie d'Glockn läutn", „Der Pfannaflicka", „S stoaalte Madl", „Elternlos", „Der Totenkopf"(dieses lernten wir von einer Pfannenflickerin, die zu uns oft zur Stör kam). „I woaß nöt wey ma is" (von meiner Schwester aus dem Kloster), „Die Tante" (von meiner Schwester aus dem Kloster), „Der Herr vom Haus" (von meinem Großvater). Ja, am liebsten haben wir daheim in der Stube gesungen. Wenn wir aber öffentlich auftraten, kamen die Leut haufenweise, das muß ich schon sagen. Öffentlich haben wir gesungen bei Theatern, am Kirta Nachmittag, bei Heimatabenden, in den Stuben, beim Priesterjubiläum usw. Am 20. Mai 1931 war in Landshut ein Preissingen, da bekamen ich und Anna eine Urkunde und die Silbermedaille, das war damals der dritte Preis. Der damalige Pfarrer Huber von Rattenberg, der

Die einst sehr beliebten Volkssängerinnen Ettl aus Konzell, um 1925

unsere Stimme schon kannte, hat sich eingesetzt, daß wir zwei auch mitsingen durften. Da mußten wir aber vorher nach Plattling zu einen Ausscheidungssingen. Wären wir dort schlecht gewesen, hätten wir in Landshut nicht mitsingen dürfen. In Landshut verlangte man damals nur bodenständige Lieder. Am 5. März 1932 abends 8 Uhr war in der Tonhalle in München ein altbayerischer Volksliederabend. Da waren ich und meine Schwester auch mit zwei Liedern beteiligt. Wir sangen „Was könnt mich denn besser erfreuen" und das „Hochzeitslied".

Die Rattenberger „Sängerrunde“

Um 1911 gründete man die sogenannte Rattenberger Sängerrunde. Josef Holzapfel (Lenzschuster) wurde damals zum ersten Vorstand gewählt. Als Stammlokal für die Sänger stellte der Schmiedwirt in Rattenberg die große Hochzeitsstube zur Verfügung. Einen Tag in der Woche traf man sich, um zu üben. Zu Beginn sang man jedesmal den eigenkomponierten Sängerspruch: „Grüß Gott, mein Herz, mein Bruderherz, Grüß Gott viel tausendmal.“ Gesungen wurde vierstimmig. Die Lieder stammten zum Teil von Komponisten aus der engeren Heimat, aber auch aus alten Liederbüchern. Am liebsten sang man der Heimat angepaßte Lieder. Die Rattenberger Sänger machten auch mit anderen Gesangsvereinen gerne Gegenbesuche, so z. B. nach Sattelpeilnstein. Selbstverständlich wurde damals alles zu Fuß gegangen und das oft stundenweit. Manchmal sang der Verein zur Freude der Leute im Freien an einem Waldrand, so z. B. öfters beim Liebenberg oder auch oberhalb Wies, innerhalb einer großen Sandgrube. Die Leute saßen und standen dankbar ringsherum und gaben immer wieder Beifall. Bei der Gründung zählte der Verein rund 30 Mann. Unter ihnen befand sich der Trindllehrer, der Lehrer Mandl, Herr Pfarrer Stury, der Lenz Johann, der Lenz Xaverl, der Lenz Nickl, der Schreiner Karl, der Schmiedwirt, der Mühlbauer Michl (mein Vater), der Müller in Krieseszell usw.

Da zum Ersten Weltkrieg auch die meisten der Sänger einrückten mußten, stellte man das Singen vorübergehend ein. Nach dem Krieg 1918 aber vergrößerte sich die Sängerrunde. Es wurde wieder recht fleißig gesungen. Mit der Nazizeit aber ließ der Eifer wieder stark nach.

Der Zitherverein Rattenberg

Der lange schon verstorbene Schreiner Michl z. B. war ein begeisterter Sänger und Gitarrenspieler. All seine Buben haben von ihm das Musikalische geerbt und sich von ihm auch Anregungen geholt. Als sein Sohn Schorsch sich die ersten paar Markl hart verdient und erspart hatte, kaufte er sich eine nagelneue Zither. Ganz von selber ohne eine einzige Meisterstunde, wie heute noch sein Bruder Max erzählt, hat der Schorsch das Zitherspielen gelernt, und er ist sogar ein ganz hervorragender Zitherspieler geworden. Weit und breit kam ihm keiner gleich. Der Schorsch lernte auch seinem Bruder Max das Zitherspielen und auch anderen im Dorf, und so war es kein Wunder, wenn der Schorsch bald einen Zitherverein anstrebte. Um 1925 war es soweit. Der Schorsch nahm die Leitung des Vereins in die Hand, und man ging mit Freude und voller Begeisterung ans Werk. Es waren das gleich 12 Mitglieder, die

alle Zither spielten. Der Schreiner Max weiß noch einige Namen. Da war einmal der Bruder Schorsch als Vorstand, der Miedaner Eduard, der Schmied Anton, der Schmied Ludwig, der Schwarz Alfons, der Schreinerkarlsepp, der Bäckermeister Helmhagen aus Konzell, der Schmiedwirtssepp und andere. Der Schmiedwirt stellte dem Verein freundlicherweise im ersten Stock ein Zimmer zur Verfügung, wo er jede Woche am Mittwoch zum Üben zusammen kommen konnte.
Man spielte mit zehn Konzertzithern und zwei Altzithern. Das ergab einen schönen, herzergreifenden Klang, wie die ganz Alten noch erzählten. Als man schon gut zusammenspielte, unternahm man öfters eine Radlfahrt zu Zitherabenden. So z. B. nach Windberg oder auch zum Arber, wo alle reichsten Beifall bekamen. Die zwei Altzithern spielten der Schreinerkarlsepp und der Schmied Toni. Unter den Zitherspielern waren auch recht gute Sänger. Beim Schmiedwirt spielten einige jeden Sonntagabend mit der Zither in der Wirtsstuben. Das kam immer zu einer rechten Gemütlichkeit, die uns heute schon fehlt. Dazwischen wurde immer wieder gesungen und unterhalten.
Männer und Burschen mit gutem Musikgehör horchten besonders begeistert zu und sangen diese Lieder wieder weiter in anderen Wirtshäusern und Bauernstuben. So verpflanzte sich altes Liedgut von Ort zu Ort und von Haus zu Haus. Mein Gott, was hat diese Zeit damals trotz der Armut unsagbar wertvolles, schönes und ruhiges an sich gehabt. Wer davon nichts mehr erlebt hat, den kann man sie nicht mehr klarmachen. Wie die alten Zitherspieler noch erzählten, hatten sie mit sich und dem Verein eine rechte Freude. Dieser Zitherverein war amtlich gemeldet, und so bekam der Verein auch regelmäßig eine Fachzeitschrift aus München. Es waren darin auch Musikstücke, die man zum Spielen verwendete. Außerdem sang und spielte man Lieder auswendig, die man irgendwo gehört hatte. In der Weihnachtszeit wurden von den Zitherspielern in den Wirtsstuben Weihnachtslieder gesungen und gespielt. So z. B. in Wies oder auch an einem Stefanitag in Unterholzen. Die Gäste haben da mitgesungen. Innerhalb des Vereins hat man sich gut verstanden, und es wurde ordentlich zusammengearbeitet, und so konnte man abertausenden von Menschen eine echte Herzensfreude machen. Leider, leider ist der Zweite Weltkrieg ausgebrochen, und viele mußten fort in den grausamen Krieg. So ging auch dieser selten schöne Verein schön langsam in Trümmer. Nach dem Krieg waren manche alt, die anderen kränklich geworden. Vereinzelt aber taten sich immer wieder die letzten alten Vereinsmitglieder zusammen und spielten nochmals als schöne Erinnerung in so manchem Dorfwirtshaus auf.

Der Schuhchristlegern-Eduard

Ein Ziehharmonikaspieler

Uns waren daheim sieben Brüder, und alle waren wir musikalisch und sind Musikanten geworden. Auch ich hab mir schon beizeiten eine Klarinette und eine Ziehharmonika gekauft. Und weil das Geld damals noch recht rar war, so habe ich halt vorerst ganz von selber daran herumgelernt. Bald aber fuhren wir Brüder zu dem Musikmeister Sattler in Oberalteich, um die Blechmusik richtig zu erlernen. Mein Bruder gründete dann eine Blechmusikkapelle. Ich, als ein Liebhaber der Ziehharmonika, suchte mir einen Freund, den Limmer, der Gitarre spielt und der in der Nähe von Elisabethszell daheim ist. Wir spielten vorerst nur unter uns. Recht bald aber hat man uns zwei entdeckt und herbeigeholt zu Freundschaftsmahlen, Altem Bier, Weihnachtsfeiern, Kappenabenden usw. Zwischen unseren Musikstücken haben wir beide auch gern zweistimmig gesungen, und das hat den Gästen besonders gut gefallen. Gesungen haben wir alte Volks- und Heimatlieder, aber rein alles ohne Noten. Wo wir irgendwo alte Lieder singen hörten, haben wir sie aufgeschrieben, und die Melodie haben wir uns auswendig gemerkt. So haben wir sie auch wieder nachgesungen. Wir sind auch oft weit herumgekommen. Die ersten Jahre sind wir alles mit dem Rad gefahren, manchmal sogar bis Straubing von Elisabethszell aus. Für gewöhnlich waren wir nur am Wochenende beim Musikmachen unterwegs. Wir haben schon vielen Leuten frohe Stunden bereitet.

Der Lenz Johann

Johann Mühlbauer aus Stockhaus

Ich mein, ich seh ihn noch vor mir, den Lenz Johann oder Striggamo, wie wir ihn nannten, mit seinem immer frohen und lächelnden Gesicht. Er war Kleinlandwirt und Schuster, ein Humorist und Dichter von vielen Waldlertexten und Liedern. Er war Gründungsmitglied der Blechmusikkapelle Holzapfel Rattenberg. Wie schon erwähnt, erlernte er erst von seinem Bruder Sepp die Trompete. Schon nach wenigen Jahren aber legte er diese beiseite und spielte lieber, wie schon sein Vater, das Bandoneon. Bei diesem blieb er bis zu seinem Lebensende. Da der Johann keine richtigen Noten gelernt hatte, schrieb er auch all seine selbstgedichteten Lieder ohne Noten. Seine Jugendjahre verbrachte er als Schuster in München. Er sang dort mit Volksmusikanten und brachte dann auch eine Menge oberbayerischer Liedertexte mit nach Hause in den Vorderen Bayerischen Wald. Er spielte bei vielen Anlässen in Wirts- und Bauernstuben mit seinem Bandoneon und sang nebenbei seine selbst-

gedichteten, recht humorvollen Lieder. Die Melodien hat er sich ja auch selber gemacht.
All seine Dichtungen hatte er in einem dicken Heft niedergeschrieben, und dieses Heft hatte er, wenn er auftrat, überall bei sich. Die Melodien wußte er alle auswendig. Er sang und spielte bei Wurstbällen, bei Nachkirta, bei Vereinsfeiern wie auch in Bauernstuben. Sein Bandoneon trug er in einem Holzkoffer um die Schulter hängend mit sich. Man hat sich gefreut, wenn der Johann mit seinem fröhlichen Gesicht zur Stubentür hereinkam. Und alle waren begeistert, wenn der Johann seine so humorvollen Lieder sang und spielte. Er schnitt bei manchen Waldlerliedern solche Gesichter, daß man sich hätte krank lachen können. Manche, die ihm ernsthaft beim Singen ins Gesicht schauten, schnitten – ohne es zu merken – dieselben Gesichter.
Manchmal haben auch seine Brüder, der Nikl und der Xaverl, mit ihm gesungen und gespielt. Der Johann war auch sonst ein recht unterhaltsamer Mensch. Er schaute den Leuten dabei gut aufs Maul und behielt was er erlauscht hatte. Immer, wenn er vom Wirtshaus heimkam, und er hatte einige Halbe getrunken, setzte er sich vorm Bettgehen zu Tisch und komponierte Lieder und Gedichte über das, was er gehört hatte und für lustig hielt. Da gab es z. B. beim Eisenbahnbau 1905 von Konzell nach Miltach mit den Bauern viel Krach. Gleich hatte der Johann für jeden Grantler ein Verserl übrig. Auch mit solchen Gedichten machte er viel Gelächter und Freude. Auch die Schulkinder kannten den Johann durch und durch. Von weitem liefen sie ihm oft entgegen, vor allem die Buben, und redeten ihn an: „Johann, geh mach a Gfries." Und der Johann schnitt den Kindern zuliebe Gesichter, daß sie oft aufschrien vor Lachen.
Der Johann sang auch viele Lieder mit dem Rattenberger Kirchenchor, und er hatte eine besonders weiche Tenorstimme, mit der er mit Leichtigkeit auf das hohe G hinaufsang. Alle, die den Johann noch gut kannten, reden und hören noch gerne von ihm. Der Lenz Johann ist nun längst von uns gegangen. Seine vielen Aufschreibungen sind zwar noch zum Teil erhalten. Solange diese von seinen Verwandten und Nachkommen noch auswendig vom Hören her gesungen werden, ist es gut und recht. Da aber keine Noten vorhanden sind, wird freilich die Zeit kommen, wo man mit seinen lustigen Liedern nicht mehr viel anzufangen weiß. Eines seiner vielen selbst gedichteten Lieder möchte ich hier anfügen:

Bayerwoid

Mia sand vom Bayerwoid,
da, wos an jedn gfoid,
da herrscht Gemüatlichkeit
und wohnt Zufriedenheit
II. Bei frohen Sang und Klang,
wiad uns die Zeit net lang,
mia sand und bleim im Woid
weils uns do gfoid.

Wenn früh die Sonne lacht,
über unserer Berge Pracht,
und wenn der Kuckuck ruft,
in frischer Waldesluft,
II: Der Vogelsang erschallt,
vom Lied das Echo hallt,
dann kanns nichts schönres geb'n,
als im Wald zu leb'n:

Des Rehleins Aufenthalt,
ist auch im Bayerwald,
es balzt der Auerhahn,
das zieht die Jaga an.
II: In aller Herrgottsfrua,
kimt scho da Jagasbua
und schiaßt, daß alles hallt,
in den Bayerwald

Wir war'n scho in da Fremd,
wo uns hod neamad kennt,
es hod uns aa guad gfalln,
jedoch mia sand vor allm,
II: Was die Natur verlieh,
das sahen wir dort nie,
die Bäume groß und klein,
nur im Wald allein:

Kommt einst der Tod mit Macht,
in des Waldes Zauberpracht,
und führt mich hin zur Ruh,
der ewigen Heimat zu.
II: Dann senkt mich in ein Grab,
in den Bayerwald hinab,
im Wald möcht ich allein,
begraben sein.

(Komponiert vom Lenz Johann)

Der kleine Kramerladen

Wer heute ins Dorf, zum Marktplatz oder in die Stadt einkaufen geht oder fährt, ist nicht mehr überrascht über die großen Geschäfte, die Riesenschaufenster und die Warenmasse, die überall angeboten wird. Das ist nicht immer so gewesen. Noch bis nach dem Zweiten Weltkrieg hat es – besonders auf dem Land, ja sogar in der Stadt – die vielen kleinen Kramerläden gegeben. Manche nannten diese Zwergläden „Tante-Emma-Läden". Wenn ich an meine Kinder- und Jugendzeit zurückdenke, dann fällt mir unter vielen anderen auch immer unser kleiner Heimatdorfladen ein, den ich heute noch hoch schätze.

Im so schön gelegenen Dörfchen Neurandsberg, wo ich meine Kinderjahre verbringen hab dürfen, wo oben auf der Bergkuppe die alte Burgruine der einstigen Ramsperger steht und daneben das herrliche Juwel, das Berger Wallfahrtskirchlein, da steht heute noch in der sogenannten Hofbauernwiese das Austragshaus des einstig so mächtigen „Maierhofes" oder „Hofbauern", wie man ihn vereinzelt heute noch nennt.

Im Jahre 1928, also in einer kritischen und harten Zeit, hat ein Wolfgang Zollner dieses damals sehr herabgekommene Austragshaus gekauft. Wolfgang Zollner ist im nahen Siegersdorf am 18. Oktober 1876 geboren. Viele seiner jungen Jahre hat er im Pfarrhof Rattenberg beim damaligen Herrn Pfarrer Stury als Knecht verbracht. Wegen seines guten Charakters, seiner Frömmigkeit, wegen seines ruhigen Wesens und seiner Zuverlässigkeit ist er nicht nur im Pfarrhof, sondern auch in all seinem Bekanntenkreis sehr beliebt gewesen. Als nun Wolfgang Zollner dieses oben genannte Austragshaus den damaligen Verhältnissen ordentlich hergerichtet hatte, hat er zusammen mit seiner Frau einen kleinen Lebensmittelladen eingerichtet. Man hat sich mit einem kleinen Kundenkreis zufrieden gegeben, denn im Bergerdörferl und in seiner Umgebung sind damals noch wenig Häuser gestanden. Davon waren wiederum mehrere Bauern und Söldner, die ja Selbstversorger gewesen sind.

Das Brot für den Laden hat Wolfgang Zollner viele Jahre von einem Bäcker aus Kötzting bezogen. Der Bäcker hat es zweimal in der Woche per Bahn von Kötzting über Miltach zum Bahnhof Rattenberg geschickt. Vom drei Kilometer entfernten Bahnhof hat der unermüdliche Zollnervater das Brot mit einem kräftigen Zweiradler zu seiner Heimatstadt geschoben. Weil an dieser Strecke zwei steile Höhen, die „Bruckhöhe" und die „Bergerhöhe" gelegen sind, hat sich der Zollnervater jedesmal zwei oder drei Kinder als Vorspann mitgenommen. Zum Heben und Schieben hat dem Zollnervater ein breiter Gurt über der Schulter gedient. Am Karren hat man einige Stricke befestigt, an denen haben die Kinder über die Höhen fest gezogen. Den Kindern hat es Spaß gemacht, auch haben sie dem braven Vater die harte Arbeit ein wenig erleichtern wollen. Alle Ware, außer Brot, ist für den Laden aus Bogen und Straubing geliefert worden. Es ist für uns Kinder jedesmal eine gewisse Freude gewesen, wenn uns unsere Mutter zum Zollnerkrämer „umö“ (hinüber) geschickt hat. Mit einem „Grüß Gott“, das die Zollnerleut freundlichst erwidert haben, ist man vorerst einmal in die immer saubere Küche des Kramerhauses gelangt.

Von der Küche hat eine Tür zum kleinen Laden geführt. Hier ist in kleinen Holzregalen alles schön säuberlich aufgerichtet gewesen, und in der Mitte des Ladens ist ein Pult gestanden. Grad daß man sich halt noch umdrehen hat können, so überfüllt ist der kleine Raum gewesen. Der Brein, der Zucker, das Mehl, das Salz und vieles mehr ist alles in sauberen Kisten da gestanden. Bevor wir Kinder den heimeligen Laden und die freundliche Ladnerin wieder verlassen haben, sind unsere Augen an den bauchigen Zeltlgläsern gehangen, die auf dem Pult so schön aufeinander gestellt gewesen sind. Die Zollnermutter oder -tochter haben uns das auch sofort angemerkt. Schon haben sie in eines der Bonbongläser gelangt und haben jedem einen Minzenschusser oder ein Zwiebelzeltl gereicht für den Heimweg. Mein Gott, sind das noch echte Kinderfreuden gewesen. Während wir recht herzlich „Vergelt's Gott“ dafür gesagt haben, sind unsere Bonbons schon im Mund verschwunden. Ganz selten haben wir von daheim ein Fünferl mitbekommen, um uns selber Bonbons zu kaufen. Wir waren wohl geldarm, aber seelisch reich. Ja, und wenn wir dann schon wieder zwischen Ladentür und Dangel gestanden sind, ist aus dem freundlichen Mund der Ladnerin immer das freundliche „Kemts no wieda“ gekommen. Ist das am End nicht schön und menschennah gewesen? Man hat einen gewissen Dank und auch die Liebe zu den kleinen Kunden gespürt, auch wenn man nur um ein Fünfzigerl was eingekauft hat.

Nicht weniger als 14 Kinder sind im Zollnerhäusl daher gekugelt. Neben der kleinen Landwirtschaft und dem kleinen Laden hat sich der Zollnervater noch einige Markl hart verdient durch Holzschuhmachen für die ganze Umgebung. So hat es immer wieder, wie der Zollnervater selber oft meinte, ein Gut getan. Und aus den Kindern sind lauter brave, arbeitsame, tüchtige und frohgesinnte Leut geworden.

Achtzig Jahr hat er alt werden dürfen, der Zollnervater, trotz der vielen harten Arbeit. Im hohen Alter sind seine Augen immer matter geworden, und einige Jahre vor seinem Tod ist er noch ganz erblindet. Er hat aber die Arbeit deswegen nie ganz aufgegeben. Jedes Fleckchen hat er auswendig gewußt. Und er ist immer glücklich und zufrieden gewesen.

Nach dem Tod des Zollnervaters und seiner Ehefrau hat die Tochter Juli das kleine Geschäft nach guter Tradition weitergeführt bis zu ihrem siebzigsten Lebensjahr. Nicht das Alter aber hat sie zur Aufgabe des kleinen Ladens ge-

zwungen, sondern eine neue Zeit hat mit rauhen Händen eingegriffen. Die rege Art des Zollnervaters hat sich an die Kinder vererbt. Die Tochter Juli zum Beispiel strickt mit ihren 80 Jahren noch täglich, ohne Verdienst, warme Decken und Kleidung für hilfebedürftige Kinder in Indien. Einen Teil der Wolle kauft sie von ihrer kleinen Rente, den anderen Teil bringen ihr brave Leut aus der Umgebung. Auch sammelt sie schon einige Jahre alte Kleidung für eine karitative Einrichtung, die immer wieder nach Altötting abgeholt wird. Die gute Art der Zollnerleut ist nicht ausgestorben.
Es ist schade um den kleinen Laden. Und wenn es darin, wie heute, noch keine Überangebote gegeben hat, so ist das nicht ganz zum Nachteil gewesen. Viele Menschen sind gesünder gewesen als heute. Die Männer hatten nicht die dicken Bäuche, es hat weniger Leberkranke gegeben, und die Krankenkassen sind nicht überfordert worden. Eines ist ganz sicher: Mit dem kleinen Lebensmittelladen der Zollnerleut ist wieder ein liebevolles Überbleibsel unserer alten Zeit für immer verschwunden.